仕事と人生の楽しみ方

村冨譲二 著
Joji Muratomi

エベレスト出版

仕事と人生の楽しみ方

村冨譲二 著

はしがき

本書は、悩めるビジネスマン、リーダー職…の方々のために書きました。仕事で成果を上げたい、もっと活躍できるようになりたい、自分の思うとおりに人生をエンジョイしたい……。

そうした願いを叶えるための方法、もっと言えば心の持ち方や態度について、私が経験してきたちょっとユニーク？な自衛隊での訓練の話を元に、分かりやすくお伝えするものです。

私は、自衛隊の中でも、最も過酷と言われるレンジャー部隊の出身です。現在は、営業指導の仕事をしています。こういうと、体育会系でスパルタ式で…と思う方も多いでしょう。しかし変に聞こえるかもしれませんが、理論武装は怠りませんし、根拠のない根性論や気合論で「死ぬ気で売ってこい」などとハッパをかけることは、まずやりません。

根性論だけで世の中、数字を上げ続けることも、人生を本当に楽しんでいくことも、間違いなく不可能だからです。

一方で、理論、理屈を、どれだけ学んだところで、実行をする人間の心の態度が弱ければ、人生を思いどおりに切り拓いていくことも、これまた不可能です。小さなアクシデントで、すぐ挫折してしまうからです。

人生 山あり谷あり。順風満帆で絶好調の時もあれば、何やっても上手くいかず、打ちひしがれる時もあるでしょう。本当に必要なものはなにか…。

私は、ビジネスもプライベートもエンジョイしています。それは、レンジャーでの訓練から学んだこと、気づいたことが、大きく影響しています。そのエッセンスをまとめたのが本書です。

昨今、ライフとワークを切り離して論じたり、ライフだけを取り上げて！意見する人達が出てきていますが、人生にどちらも欠かせないことは言うまでもありません。そうした風潮に一石を投じつつ、悩めるビジネスマンの心に、人生を楽しめる火をつけることができれば幸いです。

平成最後の夏

株式会社ジョイワールド　村冨譲二

stage3 ステージ3

stage4 ステージ4

stage5 ステージ5

finalstage ファイナルステージ

本書は、日本経営合理化協会ウェブサイト「ネット社長塾」にて掲載された後、眠っていた原稿を、関係者の協力を得て加筆、補足ならびに修正を施し、書籍化を実現したものです。

Stage1
ステージ 1

第1話——睡眠

景気のせいか、最近眠れない、って人、とても多い。

というか、夜になると「どういうわけか仕事や会社が不安で…」とか、「夜、布団に入ると、とたんに色々考えてしまって。気が付くと2時間も3時間も経ってしまっているんです。」とのこと。

あーくだらない!!


「それで…?」

「あっという間に朝になっていて、昼間はだるくて、無気力で…」

「はあ。」

「最近熟睡したことないですよ。もう、夜になるのが怖いくらいで」

「えっ、夜が怖い？」


情けなーい。オバケでも出るのかな？

ひどい人だと、薬まで飲んでも寝られないって人も……。

かなりやばい生き地獄。

皆さんの周りにも、同じ悩みの方が結構いるんじゃないかな。

これってひょっとして、今ハヤリの新種の不眠ウイルス？

まあ、本当に睡眠障害などの病気もあるから、一概には言えないが、いつも、
つい、こう言ってしまう。

「あなた勘違いしてない？　贅沢言うんじゃないよ。何でそんなに寝ようとするの？　いずれ、起こしたって起きないほど、寝続ける時が確実に来るよ。」

つまり、いつか必ず死にますから。イヤ、すでに今死んでいるのかも…？

本当に正直、そう思う。

そんなことに、本気で悩んでいるヤツはバカでしょ。寝られないなんて。

その時間に何かやりたいことやれば良いでしょ。

生きている間に脳ミソ使えヨ！　死んだら使えんぞ〜


3日や4日、徹夜したせいで死んだ人、いるんですか？

他に病気でもあれば違うけど…。

まあ、そこまで出来る人はこんな事で悩まないけど…。

3日も4日も寝てないのに、わざわざ相談に来て、しかも、たいした悩みでないのに…延々と話し続けている人には、

「すごい体力だなぁ〜」と、わざと相手に言ってみる。

どこが無気力なんだろう？　わけ分からん。


すると、深刻に悩んでた人が皆、大きな声で笑い出す。

「こんなに寝てないのに、私は生きている。確かにすごい体力だな。」って。

寝ない我慢大会してるんだ、って、気持ちを切り替えてしまっても良いいよ。

意地でも寝ないぞ、って。すると、寝られない日が続くほど、自信になるでしょ。これも小さな自信でしょう。


寝られないことを悩むより、他の人が寝ている時間まで私は楽しめてる…。

3日寝てないけど、生きている。熟睡したって疲れが取れない人だっているのに…。

全部プラスに、楽しく過ごしましょうよ。考え方一つで楽に人生変われます。

それに、寝られない悩みなんて、他人のためにもならないよ。

自分のことばかり考えているからノイローゼみたいになるんでしょ。

どうせ悩むならもっと大きいこと、悩んだ方が人生楽しいでしょ。


そろそろ、眠くなったかな？

眠くなった人はまだまだ甘い～！　寝るには早すぎるよ～！

第2話——壁

先日、ある人が事務所に相談に来て、

「本当に参りましたよ。何をやっても上手くいかないんです。」

「そうですか。」

「もう打つ手がないんですよ。やるだけやったのに。私には大きなカベがハッキリ見えます。」

「は？」

もう〜心の中で大笑いしました。

何英語言ってるの？　意味がわかんない？

ある食事会の席でも、

「やっぱり景気のせいですかね。昔はこんなことなかったのに…。」

「何があったんです？」

「いやあ、本当にカベってあるんですよ。聞いてくれませんか…」

「は？」またまた大笑い。何言ってるの？即死やな～。

延々とカベについて熱心に語る。私も私も…。カベ、カベが…

あなたの仕事は大工か？　左官か？

こんな時、頭に来て、こう切り出す。

「バカじゃないの。何？カベだって？　じゃあ、カベって何？

材質は何？　厚さは何センチ？

はっきり見えるんでしょ？　詳しくハッキリ教えてください。

その1ミリくらいのカベを!!」

もともと悩んで相談に来ているから、皆、最初は怒る。

でも私は構わず、続ける。

「見たこともないのに、限界だなんて、あなた論外だよ。」

「カベにぶつかると、どの位痛いの？　誰か死んだ？」(笑)

カベって自分で決めて、言い訳のカベを作って、正当化して、カッコつけてるだけでしょ。


すると、また、悩みだす。

「カベって、何センチあるんだろう？」って。

今まで答えた人、残念だけどいない。

答えられないよ。見てないから。

カベって言った方が楽だから。


そして皆、とたんに爆笑する。

「うん、カベって何だったんだろう？」

「逃げてたかな。」
人間は皆、楽な方に生きたがる…。

そして、なぜか明るい顔して、アリガトウ、と帰ってしまう。
カベって、皆さんが勝手に作った幻覚とか、錯覚でしょ。
打ち破るとか、乗り越えるとか、いくら騒いでも実体のない相手に、
勝つも負けるもないでしょ。何をみんなで騒いでいるのか…。
意味がない、根拠のないものに悩むほど、疲れるものはないよ。

仕事って科学的に行こうよ。
人生も仕事も楽しく行こうよ。

ところで、今、悩みがあります。誰か教えてください。
カベって何センチ？　素材は？

第3話――3夜4日

読者のみなさん、ムラトミって、どんなヤツなんだ？　って思ってるでしょ。

そろそろ自己紹介、しましょうか。


実は、自衛隊のレンジャー部隊出身です。

熊本出身で、高校時代はチョットやんちゃなタイプ。卒業した後、今、何かと話題の陸上自衛隊に。せっかく自衛隊に入隊したなら、最高峰をって、レンジャーを目指したんです。

訓練は過酷でしたが、念願のレンジャー試験をパスして、ついに部隊に！

そのレンジャーでの訓練は…というと、これが過酷という言葉を通り越して、まさに地獄だったんです。

今では絶対にありえない本当の話なんです！

そこでの訓練の一部を簡単に紹介します。


「3夜4日」という訓練があります。なにかって言うと、200kmの道をひたすら走る、走る…というもの。

ただ、そこはレンジャー。皆さんがしっているマラソンとは、多分というか、かなり違うものです。

まず、背中には50kgの荷物と機関銃。これがもう重くて肩にズッシリ！

道といっても、ひたすら山の中の道なき道。

4日間、完全に徹夜（休んだり、歩いたりすると絶対に間に合わない。当然、寝れません。だから3泊4日ではなく3夜4日！）

食料は現地調達（ヘビやカエルがゴチソウだ）

3日間でゴールできなかったら？　はい、また最初から…

どうです？　こんな訓練を何回もやって来たんです。
酷いと思いますよね？　でもね、これが結構役に立つんですよ（笑）

ひょっとして、ただの体力オバケの集団では？　と思ってるでしょ。確かに体力も使うけど、いかに楽に早く確実にゴールするかで、色々と頭使うんですよ。

そして、気の持ち方が実はとても大切。皆体力もあるのに、気の持ち方を間違えて、廃人同様になってしまう人がいる位、これは重要なポイント。

他にも色々な訓練がある。「回れー進め」とか。
何しろ朝一番の服装点検から、ものすごく大変…。
これから皆さんに色々なエピソードを順番にお伝えしていきます。
きっと仕事と人生に役に立つと思うから。

当時のレンジャーには、今だとさすがに問題になるかな？って思う訓練、しごき、イジメも色々あったんですよ。恐ろしいですが事実です。まあ、正直言って、人間として扱われない。人間として扱わないって、はっきり言われる。さすがにこれには驚きました。

そんな状況だからこそ、人間って何だろう、って考えたし、極限状態での人間心理、強く生きている人の考え方など、ものすごい財産なんですよ。

せっかく貴重な経験、財産だから、独り占めしないで、少しでも多くの人に伝えたい、と思って現在様々な活動しているんです。

体力は人に譲れないけど、考え方、気持ちの持ち方は、伝えられるから…。

ちょっと、カッコ良かったかな。

第4話——ゴール

先に、50kg背負ったたった3日徹夜のマラソンがあるって言いましたけど、その話です。

何とか、ゴールに近づき、あと少し、あと少し、と自分に言い聞かせながら、歩いていきます。そしてようやく「終わった…」と思う直前、上長が「回れー」と号令。

そう、小学校で習った「回れ右」のアレです。

号令に合わせてその場で右回転…。

そして真後ろまで回った瞬間、
「進め！」の号令が…。

そうです。今来た道を再び戻るのです。
また、延々と戻ります。

再び「回れー、進め！」。
やっとゴールを目指して歩き出すと思ったら、また、「回れー、進め！」。

こんなことを何回も繰り返し、やっとゴールとなるのです。
似たような訓練は山ほどあります。

腕立て伏せってありますよね。
あれもレンジャーだと、何回やるのか全く分かりません。
最初に500回、と言われても、直前になって上長が、

「疲れたなあ。あっ、ちょうど椅子があった」と言い出し、腕立てをしている私の背中に座ります。

思わず床に胸をつけてしまうと、

「どうした、ムラトミ。最初からやり直し。」

全ての訓練がこんな調子です。


すると、人間、ゴールとか、目標とか、最初から気にしなくなります。

とにかく、本当に終わって、ゴールして、はじめて終わりなんです。

なんとも変な表現ですが…。


しかしこれがすごく大事なんですよ。

絶対に、「あと少し」とか「よし、いけるぞ」とか、思いもしません。だって、本当に終わるかどうかなんてわからないんだから。

下手に目標やゴールを設定してしまうから、途中で気がゆるんだり、ちょっとつまづいただけで、「あぁ、もうだめだ!」なんて、簡単に諦めてしまったりするんですよ。

皆、心の中で勝手にゴールを決めすぎなんですよ。ゴールは、本当にゴールして初めてゴールなんだから、それまで喜ぶ必要もなければあきらめる必要もない。

あと一歩のところまで、せっかく頑張ったのに、自信をなくして、落ち込んでいたら、何も残せないんです。

苦しいし、大変なのは皆同じ。

でも勝つ人と、負ける人の差って、このあと一歩の差なんです。

この一歩って、体力の差じゃない。

心の持ち方の差なんですよ。

第5話——アクシデント

また、マラソンでの話です。何度もこの地獄のマラソンをやらされているのですが、一度、大きなアクシデントに遭ったことがあります。

ゴール直前で「回れー進め」を繰り返していた時、転倒してしまったんです。背中には50kgの荷物と、機関銃。これが後頭部に降ってきた。あごの骨が砕け、激しい出血が…。

もともと疲れ果てているところで、このアクシデント。待機している医者が駆けつけ、ドクターストップの判断。上長からも、「ムラトミ、止めろ」と指示が…

でも、ほとんど意識のない中で、這いずりながら、何とかゴールしたんです。後で思えば、ドクターストップだし、上長から止めろ、と言われたんですから、リタイヤではない。経歴にキズもつかない…。でも、心の中では前しか見えなかったのです。そんな言い訳すら浮かばなかったんです。

何度もトップで走り切ったことがありますが、そんな時より、このアクシデントがありながら、ゴールした時のほうが、よっぽど自信になっています。

人間、苦しい、困難な状況じゃないと、本気にならないですし、それを繰り返さないと成長しないと思います。ずっと順調に何も問題なく生きてきた人間ほど、一見カッコよくても、もろいですよ。

トラブルが出たときほど、後々の人生に思い出になるチャンスはないです。

だからと言って、皆さん、ワザと怪我しないで下さいね。

第6話——常識

「それは常識でしょ」

「この業界の常識ですよ…」

などなど…こんな発言、よく聞きますよね。

本当に意味が分かっているのかは不明だが…。

いろんなケースで使われてるけど、みんな、本当にチャンと考えたり体験したりして、使っているのかな?

仕事がらみの問題の時に、こういう発言が多発している会社はまずダメだよね。そんなことで解決するなら、始めっから問題じゃないよ。

相談に乗っている時にも、

「俺は社長だから…」

「部長だから…」

なんて発言聞くと、またまた、つい、カッとしてしまう。

「社長だから」っていう常識、思い込み、先入観…そんな会話になってしまうのが見え見え。話しの続きなんて、さらさら聞く気にもならない。

「社長って、本当にエライのか?」

「エライって、広辞苑にでも書いてあるのか? 俺は知らんぞ!」

別に社長さん方が偉くないとか、人類平等だとか、そんな話しをしたい訳じゃない。

自分の立場、業界の立場、会社での立場…そんなことを軸にモノを考えても、絶対に問題解決や業績向上するわけないし、人生もつまらないよ。最悪だ！

レンジャーでの訓練も、世間一般から見たら、それこそ非常識の塊だし、無理難題のイジメとしか見えないかも。でもレンジャーの中では、全てが常識だし、出来なきゃ生きていけない。

レンジャーの自慢じゃなくて、目的や世間が変われば、常識なんて、一瞬で変わるってことですよ。

「常識」だの「非常識」だの「慣習」だの、こんなこと、それこそ少しルールや環境が変われば逆転するし、また逆転させるのが、仕事や商売、経営の基本でしょ。

人生もそう。

あんまり常識に縛られてると、生きててつまらないでしょ。
大して成功もしていないのに、
「常識」って言葉に騙されて、
一度チャンと考えても見ないで、
行動や考えに枠をはめちゃって、小さく生きてる。
楽しい訳ないでしょ。

常識とは、普通なんですよネ！
ビジネスでは普通ということは、他とあまり変わらなく…。
ということは、目立たないし、普通ですね。

あーなんて悲しい言葉なんでしょう。
「常識」って言葉、人間の思考力をストップさせちゃう魔法の言葉。
皆さん、悪用しないでね。

第7話――気持ちのスタミナ

レンジャー出身というと、体力オバケ、っていうイメージ、多分強いですよね。確かに体力あります。

テレビでやってる「筋人なんとか…」みたいな番組ありますよね？　いろんなスポーツ選手や芸能人とかが出て競ってるやつ。レンジャー現役のころ、もしあういう番組に出てたら、ぶっちぎりで優勝したと思いますよ。(笑)

これ結構マジッス！

でも、人間のスタミナって体力だけじゃない。精神論っぽくなるけど、気持ちのスタミナって、ものすごく大切。実はこれがほとんどです。

人間、筋肉じゃなくて、気持ちで動くんだから…


なぜ？

それは人生でもビジネスで、人間を相手にしてますから。

動物、牛、犬相手に物売りますか？


仕事でも、人生でも、人間関係や、遊び、スポーツ…でも、前に話したレンジャーの50kg背負ってのマラソンとかでも、最初っから「きつそうだなあ」とか「できるかなあ」なんて思ってしまってはダメ、ダメ。体力あってもムダ。


必ず達成する、という強い意志が必要です。

そうでない人は、必ず消えてきます。

「まあ、やってみようか」

キツくてリタイヤしたいな、って一瞬思っても、

「あと10歩だけ」とか「あの樹まで」とか、それを何度も…。

いつも前に気持ちを持っていける人が、気持ちのスタミナのある人でしょ。

これも、日頃から小さな事でも、気持ちの持ち方、スタミナをつけることを繰り返せば、必ず強くできるんです。


3日間徹夜なんだけど、本当に3日間徹夜で走れるもんじゃない。

じゃあ、どうする？


実は、寝ながら走るんです。

走れるんですよ。気持ちにスタミナがあれば。

ウソじゃないですよ。何回も本当に体験したんですよ。

1回あなたも、やってみますか？　考え方変わりますよ～


小さな、些細なことでも、気持ちの持ち方を大切にして、人生過ごしていないと、急に何かあったときに「火事場のバカ力」って、気持ちの面では絶対に出ない。

小さなことだからって、1回でも逃げちゃうと、人間、癖になる。

本人が逃げていることにも気付かない位、自然と逃げるようになっちゃう。

本能的にそうできているんですよ。

本人が自覚してないから、本人は、ただ、

「ツキがなかったなあ」

で終わってるけど、こんなヤツがもしリーダーだったら。本当に周りが迷惑。


体の体力はいくら鍛えても、年齢に勝てない。でも気持ちのスタミナって、日頃の過ごし方次第で、年とともにドンドン強くできる。気持ちにスタミナがないのに、体力があるヤツ、ほんと迷惑だよね。

第8話 ―― チームワーク

会社に限らず、人が3人集まると、派閥ができるっていいますね。派閥ってあんまり良い意味で使われない。お互いに、足の引っ張り合いって感じで…。基本的に弱っちいヤツが集まって…というイメージです。

でも、どんな仕事でも、たった一人でやれる事って、たかが知れてるから、どうしても人が集まらなきゃならない。

うまく機能すれば、すごい成果が出たり、楽しかったり、一生の思い出ができたりする。不思議ですね。逆だと、事件になっちゃうようなトラブルになってしまったり…。かなり悪い例。

いろんな人が集まって、何か一つのことをやる時に、どうしたら、上手くいくのか。どうしたら、ダメになるのか…真剣に考えたことある？

まあ、永遠のテーマみたいな話しだけど、レンジャーでの経験で、体得した考えがあるんです。これは、とっておきですよ～聞きたいかな？

レンジャーでの色んな訓練は、原則が2人とか複数による組単位。前に話したように50kg背負ってのマラソンも、2人とか、数人で一緒に走るんですよ。

でもレンジャーが2人で走るのは、別に親睦を深めるとか、そんな目的なんかじゃないですよ。仲良しクラブではないから、いかに最短で効率を上げるか、ということだけなのよ。カッコイイでしょ。

レンジャーは自衛隊において特殊部隊だから、当然、色んな任務を想定しています。

もし、途中で隊員に何かがあって倒れたとする。その辺にうずくまったりして、敵に発見されるような、最悪な状況を避けなきゃいけないんです。だから2人…。

意外と心強いし、パワーが出るのよ！　マジで。
訓練でも、たまにパートナーが倒れる。
さあ、どうするでしょう？
参りますよネ！

でもグチっても仕方ないから、気を入れるんですよ、ぐうーと。
そして担ぐんです。
隊員とその荷物も一緒に。
そして、そのまま任務を遂行！
決して、土の中に隠しちゃったりしませんよ（笑）
どう？　素敵でしょう！

誰と組み合わせになるかは、毎回直前まで分からない。

正直、「アイツとは組みたくないなぁ」って感情はある。

それはヤツが意地悪とかそんな次元じゃなくて、やっぱり体力がないヤツとか、気持ちが弱いヤツは嫌。本能的に思う。

また、本能的にそう思われちゃう人間ではダメですなぁ〜

何度も完走しているヤツと組めると、「ヨシ、行けるぞ！」って思う。

人間だから…当り前の考え！　仕事もライフも同じだぜ！

今回はヤバイなって、最初に思った時って、実力の半分も出せなくて…。
思わず自分が倒れそうになっちゃったりしたことも…。あー情けなーい。
強いヤツだけで組めた時なんか、最高にうれしいし、
信じられないくらいの力が出たりする。
これこそチームワークでしょ。最強のパートナーだよ。マジで。

気持ち、心の持ち方、体力、知力…
強いヤツが集まれば、余計に信じられないくらい力が出るし、スゴイ結果が出せるし、しかもラクだし、楽しいし…。人が何人か集まると、強い人間の集団は余計強く、弱い人間の集団は余計に弱く。このどちらかしかないんですよ。

弱肉強食です。まさにアフリカみたいです。しかも、1人でも弱いヤツが混じると、ソイツが気になったりして、皆が集中力なくしちゃう。俗に言う、朱に交われば赤くなる、というやつかな？

仕事でもそう。
アイツは使えるな、あの会社と組めば上手くいきそうだ、なんて考える前に、本当に自分が強くて、相手からも必要とされるくらい力があれば、っていう前提、忘れてないかな？　考えたこともない？あなた最低だね（笑）
相手も必要としてくれる存在じゃないと、絶対に上手くいかない。

そうでしょう。

相手に頼った気持ちで、一緒に仕事やプロジェクトしたって絶対上手くいかないよ。心の中で、「オレと組めてよかっただろ」って自信持てるくらい、自分を磨かなきゃ。

常に自分が強く。たくましく。ダイヤモンドの意志。これってかなり必要です。これがあるのとないのでは大違い！　自分を磨かなければ輝かないし、当然ながら、その光に魅せられて、人は寄ってくる。

だからイイ仕事、生活、人生…が楽しくなる。
そうなんです。全て自分でそうしているんです。
よーく考えて下さい。
この理論が分かれば、あなたも1歩、ほふく前進かな!!（ニヤリ）

レンジャー部隊とは

陸上自衛隊において、特別な訓練を受けて卒業した精鋭部隊。有事の際、主力部隊とは別に、特に重要な任務を果たす。

過酷な任務を達成するための「絶対にあきらめない強い闘志」が求められるため、その訓練は過酷を極めることで有名。このため、レンジャー有資格者は陸上自衛隊の隊員の中でも、特に能力の高い者とされ一般隊員からは畏怖される存在。

Stage2

ステージ 2

第9話――カエル

突然ですけど、ヘビとかカエルとかって、食べたことあります?
居酒屋なんかでも、たまに唐揚げとかでメニューにありますね?
でも、そんなに好んで食べる人、きっと少ないでしょ。
まあ、好んで食べる人は、チョット変ってるかな?
居酒屋のはゴチソウかな?

レンジャー部隊はよく食べるんです。
ヘビ、カエル、セミ…なんてゴチソウです。

草にゲロ…?? 食べたことありますか?
これまた非常にマズイ! (笑)

なんでかって?
50kg背負ってのマラソンは、食料は現地調達なんですよ。タダでさえ50kg背負ってるのに、4日分の食料や水なんか、持っていられないし、スピードが落ちる! 走るコース…、いや、そもそもコースなんてもんじゃない。道なき道。絶対人に出会わないような山の中!

だから、現地調達っていっても、
当然、コンビニとか自動販売機じゃないですよ(笑)
ヘタすれば、現地にエモノがいない場合もある!
スポーツのマラソンなんか、沿道に水置いてあるから、ウラヤマシイですよ、ホント…。

で、食料。ヘビとかカエル食べるんです。自分で探して捕まえて。
ゴールまでの期限が設定されてるから、サッサと探して、すぐ食べる。
悩んだり、考えてるヒマはない。
見つからないからって、ウロウロしてる訳にいかない。

だからヘビとかカエルとかだったら、ラッキー！　ゴチソウだ！
一目散に喰う！　腹に溜まるし。
いなきゃ昆虫でも幼虫でも、なんでも食べちゃう。
セミなんかも結構ウマイよ。もう、カネだしてでも買うぜ!!

水も湧き水とか、小川とかあったら、飲む。
次いつ飲めるか分からないけど、ガブ飲みしちゃうと、走れなくなる。
これがまたツライのだ！
飲み水として問題ないかなんて、いまだに分からない。関係ない。飲む。
別にゲテモノ自慢の請じゃないですよ。

で、不思議なことがあるんです。マジで。あれだけ疲れ果ててるのに、ナマで色んなもの喰って、1回もないんです。食中毒（笑）
これ本当の話ですよ。
ほかの隊員もですよ。

基本的に死なないし、腹もイタくならない。これも気の持ちようだね！
1回ためして見ますか？　う～ん、1人死んだのいたような？　イヤちがったかな？（笑）
ちなみに普段は、人間ですから、たまに腹壊すとき、ありますよ。いくらレンジャーでも…

何故って、それは、間違いなく「気」です。精神力、意識かな？
気が張っていて、病気になんかなってられない！　って状況だから、としか思えないんです。何度も言います。強い意志ですね～

前にも言ったけど、もし倒れたら仲間にものすごい迷惑かけるし…、情けないし…、担いでもらわなきゃならなくなる。

これって最悪だし…仲間にもチョット悪いし、カッコ悪いし…

弱いより、強くてカッコイイ、がいいから…


指導先でも、たまに体調不良で倒れたりする人います。

でも見てると、日頃からスゴイなって思ってる人は、皆、トラブルの解決のメドがついたり、大きな仕事に一区切りついてから倒れてる。前じゃなくて後に倒れるんですよ。ちゃんとしている人は。

本当は、倒れないのが理想ですけど（笑）

で、コイツはダメだなーってヤツは、期待通り？

トラブルが起きた瞬間？　いや起きる前に倒れちゃう。グッドタイミングで。

驚異の予知能力？　そういう時だけ天才的な人っていますよね。ひょっとして計算…？

本当は最後までケリつけた人のほうが大変だし、疲労しているはず。

でも、メドがつくまで、倒れそうな気配も見せない。


これはやはり気、または、精神かな。

こういう時なら、レンジャーじゃなくても、きっとナマでカエル食べれるよ。

これもやっぱり、「気」の持ち方の問題じゃないかな。試しに皆さん、カエル食べてみる?

イヤ。かなりの精神と意志がないとムリですから、決してマネしてはいけませんよ(笑)

第10話——売る力

ところで私は、営業に関するコンサルタントをしています。なぜかって、これが一番大事だからです。

会社の経営って、いろんな面ありますよね。商品開発、取引先、人事、資金…。でも、一番大切なのは、やっぱり、売上でしょ。これがなきゃ、始まらない。

まあ、黙っててもお客様が殺到するような、スゴイ商品がある会社なら、営業なんて要らないのかもしれないけど、実際そんな会社、ほとんどないでしょ。

コンサルタントやる前に、教習所の教官とか、1台35万円もする掃除機の販売とか、生命保険とか、いろいろやってきた。教習所時代は年100人顧客獲得とか、指名率No.1とか、記録立てた。

掃除機販売は、半年だけやったんだけど、10日間連続オーダーとか、半年ずっとNo.1売上だったし、しかもクレームやクーリングオフもゼロの記録。生命保険も3年連続No.1、1週間で21件契約の記録とかもある。

まあ、自慢です。自信持ってます。(笑)

元レンジャーだから3日徹夜で売り歩く…

って、そんな訳ないでしょ。第一お客が起きてないし。

もちろん、オドシとかもしてませんよ(笑)

同じ商品売ってても、バンバン売るヤツ、やたら値引きに応じちゃうヤツ、値引きしても売れないヤツ…やっぱり人なんですよ、売上も…。

レンジャーの訓練を経験してるから、営業なんて追い込まれ方が全然違う。

楽しんで売ってます。人間心理も勉強できたし…。

楽しいって言っても、手を抜いてるワケじゃない。ものすごく真剣にやってる。

街を歩いてても、

「あっ、こんなもの売れてんだ」

「新しいお店ができたな」

「へえ、あの店潰れちゃったんだ」…

雑誌の広告でも、色んなチラシでも、家でテレビみてても、何でも情報源にしてる。買ってみる。入ってみる。

投資してるんですよ。時間も金も…感性も磨かなきゃないし…。


その仕事、相手、商品、などなど、色んな条件も考えて、それこそ、着ていくスーツから、腕時計から、靴から、車から…すべて真剣に計算して、仕事に取り組んでる。

相手の、チョットした表情の変化や言葉にも、ものすごーく神経使ってる。商品でも例えば、このジュースを1本100円で売って来い、と言われたら、あえて、もっと高いハードルを勝手に立てちゃう。

「これを何とか200円で売ってやろう！」

具体策を考えてから、初めて売りに行く。

「値引きも考えなきゃ」からスタートしているような弱気な営業マンが売れる訳ないでしょ。敵じゃないね。

商品が悪いとか、景気が悪いとか、運がなかった、とか、絶対言い訳しないし、考えもしない。実は、考えもしないようになるのも訓練できる。そうならなきゃいけないよ。

第11話——進化

たまにこんなことがあります。

質問されてから、しばらく経ってまた同じ事を聞かれたりすると、

「ムラトミさん、この前言ってたことと違いますよ！」

そうなんです。違うんです。

理由は簡単。進化してるから。

普段から、とにかく、いろんな事、突き詰めて考えるようにしている。頭使ってるんです。冗談でよく言うんですけど、寝てても頭使ってるんです（笑）
だから、進化しちゃうんですよ。

前と言うことが違っても、答え、内容は、確実に良くなってる。（ハズ…）

決して、その場しのぎの言い訳とかじゃないから、違っていても問題ない。


よく、「信念を持て」とかって言うでしょ。でも、信念って、一生変わらない自分の哲学、みたいに思ってない？ 違うでしょ？

変わらない、変えちゃいけないのは、

「明るく楽しく、前を向いて」

それだけで充分でしょ。

変えないもの、考え、たくさんある人って、ただの頑固。

退化しちゃうだけだよ。

考えでも、生き方でも、心の持ち方でも、チョットでも今より良いものがあれば、ドンドン自分のものにしなきゃ人生もったいないでしょ。

それに常識だって、価値観だって、社会情勢、景気… 何でも、あっという間に変化しちゃうでしょ。何年も変わらなくても評価されるのは、ウイスキーかワインくらいじゃない？

レンジャーでの訓練でも同じ。色んな訓練を、何回も、何年も繰り返したけど、常に、

「もっと楽な方法ってないかな？」
「もっと早くて確実な方法は？」

とか、考えて実行してた。

皆さんが、いま、どんな関係の仕事してるか分からないけど、どんな仕事でも、今日より明日、今年より来年…って、意識して進化していかなきゃ、気づいたら会社のお荷物になってるかもよ?

5年くらい会ってなかった人にたまに会って、
「コイツ、成長してるな」ってヤツ、実際なかなかいないね。

「変わらないねえ〜」って挨拶、結構使うけど、
本当はバカにされてるんだよ。
決して「若いねえ〜」じゃないから…

第8話——命令

レンジャー隊員にとって組織、そして命令は、絶対です！
NOはありません。鉄のオキテです。
ハンパじゃなく絶対です。ハダカになれと言われたらヨロコんで…
理由、理屈、疑問、理不尽…ナニソレ？　一切無視！

朝、起床の号令！
5分以内に、着替えて、片付けて、ヒゲそって… 全員整列！
これが毎日だよ。

基本的に間に合わない！

1人でも遅れたら、連帯責任。腕立て500回！

1人でもリタイヤしたら、また連帯責任。全員始めから…

これの繰り返し。イヤになる。

イヤになると効率が悪くなる。

1回でやれれば効率が良いように訓練はできているんです。

ここまでは皆さんも、

「レンジャーだったら、そんなもんでしょう」

と思うかな？

上長の機嫌が悪いと（イヤ訓練です）

「おい、ムラトミ。ヒゲの剃り残しが1本あるゾ！　腕立て500追加！」

はっきり言ってイジメです…。

本当にヒゲあるかなんて、関係ない。考えてたら体がもたないよ？
上長がある、と言えば、あるんです。無くても…
言い返したり、質問する権利は無いけど、ヒゲはある…

他の色んな訓練の最中でも、「おい、ヒゲがあるぞ」っていうような指示があるんです。日常茶飯事。

レンジャーって、もし本当に戦争とか起きた時に、最前線で最難関の任務を遂行する部隊です。途中で何かあったりしても、感情をコントロールして、冷静に着実に任務を遂行するための訓練です。分かっていても、やっぱり、チョットは頭に来ますが…

でも、レンジャーの教官自身も、こんな訓練を何度も繰り返し、乗り越えてきた、スーパースター。仕方がない。しかし……ツライ！

普通、「命令」とか、「指示」って言葉、あんまり良い意味で使われないですよね。

「命令されて仕事をするな！　仕事は自分で作るものだ」

とかってね。命令にただ従ってるだけで、自分ではナニも考えないし、判断もしないし、責任もないし…ってイメージですね。それにほとんどの人が、これですね。

でも、違うんですよ。

どんな命令でも、いったん引き受けた以上、絶対の3乗くらい絶対に遂行するような人間じゃないと、仕事も人生も大したこと出来ないでしょ。

まして普通の生活や仕事だったら、レンジャーみたいな無理難題って、めったにないし…。少しは、反論したり、理由を聞くことも出来るだろうし。

まあ、その辺がかなり甘〜い！

砂糖が大量に入ったコーヒーみたいなもので、マズイはずなのに、なれると、大量に入れないと飲めない体になっちゃうんです。毒でしょう？

レンジャーの仲間でも「あの命令はおかしい」とか、「あの上長はおかしい」とか、ブツブツ言ってるヤツはみんな、ダメなヤツばかりだった。ほとんど落伍者ですよ。

文句言うヒマ、文句考えてるヒマあったら、達成するために頭使えよ！

「お前がおかしい。言い訳してんじゃないよ！」


仕事でも人生でもなんでも、命令されようが自発的に動こうが一緒。いったん決めたこと、引き受けたことは、意地でもやり遂げる、っていうプライド、根性がないヤツほど、一見正論見たいな言い訳立てて、結局逃げるんだよね。これ、本能よ。いい訳言った方がラクだからね。人間、本能的にそう動くのよ。

命令でも、着実に結果を残せるようになって、はじめて自発的な仕事とか、創造的な仕事をやれる、任されるようになるんでしょ。最近、この順番が分かってないヤツが多いよね。実績ないけど、自信だけあるタイプ。一体、誰があなたの命令を聞くんでしょう?

基本的に言い訳の人ってたくさんいるね、この世の中。それで仕事でも何でも得するかって考えてない。言い訳には頭使ってるのに、実際の仕事でも商売とかになると、本能に動かされる。しかも、逃げる、言い訳する、悪い本能。

良い結果を出し続けられる人間になるために、効率に頭を使って、本能から逃げないようになろうよ。

これを良い本能にもっていけるかで、人生の全てが決定するよ!

第13話 ―― チームワーク

「時間がない…忙しいよ…」

「もうチョット時間があったらやれるんだけど…」

あっ、そう。ホントに時間がないの？　時間があったらやれるの？

何時まで働いてます？　何時から働いてます？　日曜日どうしてます？

本当の時間の効果を理解している人は、ほとんどいません。

レンジャーの訓練で「非常呼集」というのがあります。

隊員は「台風」と呼んでる訓練です。最悪です！

疲れ果てて熟睡している真夜中。「非常呼集〜！」との号令が、突如かかる。15分以内に、武器やら何やら全て準備し身に付けて、宿舎を飛び出し、集合、そして出陣！　最初は眠いしフラフラだし何がなんだか分からない…。でも「非常」って言葉がついているから、まさに非常事態を想定した訓練です。

これ、普通にやったら絶対間に合わない。最初は準備も集合も出来ない。で、1人でも遅れるとまたまた腕立ての世界。基本的に15分で出来ないようになっているんです。ところがですよ、慣れて効率的にやれるようになると、デキルんです。

なぜかって？　外でひたすら全員が腕立てしている間に、信じられないことが起きるんです。

教官が、隊員の宿舎に入り、残っている荷物でも何でも、全て、捨てる、隠す、外に思いっきり投げつける。これを「台風」という。まさに台風です。戦場を想定しているから、慌てて外に飛び出した時でも、絶対に痕跡やヤバイ物を残さないように意識に植え付けるための訓練です。

腕立て終わって宿舎に戻ると、まさに台風一過…

それはもう、すごい状態です。ショックです。グチャグチャになってるし、無くなってるものもあるし、何がなくなったか覚えてないものもある…

何回かこの「台風」を味わうと、絶対に15分でバッチリ集合しようと頭使い出す。時間を効率良く使おう、って。しかも、いつ、この「台風訓練」が始まるか分からないから、寝てても頭がチョット起きているようになるんです。

これが仕事と人生で大事なんですよ。

たった15分の時間でも、本当に頭使って、知恵絞って、瞬間瞬間を大切に行動できるようになると、皆、15分でできるようになる。この積み重ねがあって、3日徹夜のマラソンとかでも、頭使って効率良く走れるんですよ。

1分とか、それこそ1秒とか、そんな小さな時間でも、効率考えて大切に出来ないヤツが、急に3日休みが出来たって、どうせ寝てるか、ゴルフ行くか、酒飲むか…それがいっぱいいっぱいでしょ。

多少の徹夜とか出来るくらい体力があったり、若い人ならともかく、そうじゃなければ、体力に自信がない人ほど、時間について考えて欲しいな。

時間を大切して、効率よく動くクセが身について、はじめて半年、1年、3年、5年…と長期の計画が立てられるはずだし、日頃、ゴロゴロしてて、時間がないって言ってるヤツの計画なんて、その計画考えてる時間がそれこそムダ。モッタイナイ…本当に時間の効率を理解できれば、こんな楽な人生ないよ。

まだまだ人生、ENDまでかなりあるから、今後の人生の時間を、よーく考えようよ。「あなた、寝てる時間あるでしょ?」(笑)

第8話——国・家族・他人

タオル1枚で、声も出させず、一瞬で人を殺す。
ビルを一瞬で破壊するのに必要な爆薬の量を、瞬時に計算する…
などなど、チョット危ない訓練も、レンジャーにはあります。
本当ですよ。
実際にやらなきゃならない事が起きないのが理想なんですけど。

でも、あくまでも訓練。
実際に人を殺したり、ビル爆破したりはしない。

当然だけど…そう思いたい！
日本は、もう70年以上、戦争をしていないわけだから、レンジャー部隊でも、ふつうの自衛官でも、実際にやった人は、当然いない。

皆さん、思いません？
もし、実戦が起きたら、本当にやれるのか？って。

ひとつ、言えることがあるんですよ。人間って、自分のためだけに行動したり、決断したりするときって、ほんとに弱くてモロイものなんです。

でも、それが、家族、親、子供、孫、友人、会社、親戚、そして、国家、とかのために行動したり、決断する時って、逆に、信じられないようなパワーが出る時があるんです。自分でも信じられないくらいの…火事場のバカ力など…。これは一瞬よね。これを持続する方法もあります。

以前、ある留学生が、駅のホームから誤って転落した人を救うために、自ら、飛び込んで助けたって事件ありましたね。その留学生は不幸にもお亡くなりになってしまいましたが…

転落した人と留学生は全く面識がなかったそうです。
それにも関わらず…
素晴らしい勇気、決断力、自己犠牲、瞬間の判断…

人間の本能の中に、こういう遺伝子というか、何かが仕組まれているとしか思えない。イヤ、そうなのです。

自分で自分の本能について考えたことある?
もちろん、色んな人間がいるから、全員にこの本能、遺伝子があるとは思っていないし、ある人は、ほんの一部なのかもしれないけど…

何か大きな事をやろう、って時、そのことが、自分のためだけにやろうとしてるのか、我がままな目的なのか、それとも、カッコ良く言うと、世のためとか、人のためとか…、仕事だったら他社のため、お客様のためとか、社会のためとかって、大義名分があるかって、考えたほうがいいですよ。もし、あるんだったら、

「自分にできるかな?」

なんてウジウジ悩んでないで、思い切ってやってみたほうがいい。やらない人がほとんど…。人生ムダよ。

きっと、信じられないようなパワーが出てくるから。それに信じられないくらい献身的に協力してくれる人も出るから…。まあ、最初から人の協力を計算に入れちゃダメだけどね。必然的にそうなるよ。本能の力を信じれば…

タオルとか爆薬の話から、ズレちゃってるように思うかもしれないけど、その訓練を受けてる時に、色々考えてたんですよ。

「一生実戦を経験しないのがベストだけど、もし、そんな事億が起きたら、本当にやれるのか」って。当然、レンジャーですから、やります。国家や、それこそ家族を守るため、任務を遂行するために…

私は、仕事でも、一個人としての友人に対しても、そういう、自分以外のものの為に闘える、大切にできる本能、遺伝子をもっていそうな人を大切にしてます。これ、本能で見抜けます。(笑) それに、ちょっとしたことにでも、その人がどういう対応、決断をしてるか見てると、大体分かりますよ。

こうした見方、本能の使い方、人生の全てに使えます。
もちろんビジネス、ライフ、全部です。
何故? 自分自身も、仕事も、取引先も…、全て結局人間なんです。
相手も自分も人間。
何度も言います。人間なんですよ。
すごく重要。本能で分かってね。

第8話——組織と個人

最近話題のテロと戦争って、どこが違うんだろう？

みんな、知ってると思うけど…


戦争って、大戦力と大戦力とが広大な場所で激突する。つまり組織戦。テロは、わずかな人数で、ターゲットを絞って、何かをしでかす。つまり個人戦。

こんなイメージでしょう。

法律上は、宣戦布告がどうのとか、民間人を巻き込むとか色々な解釈ありますけど…。

昔と違って、色んな移動手段や情報伝達手段、ネットワーク…が整備され、武器や爆薬もどんどん進歩して、ある意味、少人数でもテロが起こしやすい環境となってしまっている、とも言える。

その対策のために、日本もテロ専門の部隊を創設しましたね。

レンジャーなどの特殊部隊と、通常の自衛官との一番の違いって、一人一人の能力です。自衛官には組織として、忠実に任務を遂行することが求められる。一方レンジャーは、それこそ例え1人でも、色んな状況に的確に対応して瞬時に解決する能力が求められる。最後は個々人の能力が全てといっても過言じゃない。

そのために、とんでもない訓練をたくさんやるんです。この傾向って、テロとかのヤバイことだけじゃないんですよ。

昔より、色んな技術とかサービスとか、本当に素晴らしいものが安く簡単に手に入るようになった。ＩＴ関係とかってその代表ですよね。

とにかく良いアイディアや商品、サービスがあれば、組織力とか資本とか、昔ほど要らなくなっている。その代わり、次々と色んな人が、色んな商品とか抱えて、次々起業してくる。ゲリラみたいだ。

昔みたいに、大企業だからかなわないや、とか、中小企業じゃやれないよ、とかって境目がどんどんなくなっていく…。ＩＴ使って、ホームページやＥメール使って、事務もアウトソースして、派遣社員使って、ってどんどん低コスト、低リスクで勝負できる環境ですよね。

これ、時代の流れです。でも、どれだけ低コスト、低リスクになっても、むしろ、重要度を増したものがあるんです。

それは、新しいアイディア、商品、サービス…を生み出して、実際にカタチにする人。これが一番大切。これが勝負になる時代なんです。つまり、個々人の能力が、ものすごく重要になってくる。本当に素晴らしいと、わずかな期間で、スゲェ企業に育っちゃう。

これからは、大企業だから、とか、サラリーマンだから、って気持ちで仕事してちゃダメでしょ。かえって危ない、と思ったほうがいいよ。デカイ組織はターゲットとしても狙いやすいんです。狙撃じゃないけど。分かってるかな。最近は不祥事みたいな事件も、昔より確実に風当たり強くなってるでしょ。安心している人いないかな?

みんなが特殊部隊員のつもりで仕事しないと。つまりプロフェッショナルですよ。景気も政治も関係ない。プロなんだから。って気持ち、覚悟ですよ。

その気持ちがあれば、必ずチャンスは来る!
いつもチャンスが来てるのに気づかないヤツもいるけど…
心の中から、プロになろう。組織の中でも、お客様とも、取引先とも。
ビジネスのプロ、人生のプロになろうよ。目指そうよ!

第16話——役割分担

ある場所に敵が潜んでいる、という情報。
何人いるのか、武器は何か、本当にいるのか、全く不明。
4人でチームを組み、突撃訓練。
こんな訓練もあります。

4人それぞれに、異なる任務がある。
最初に偵察する人、背後に回る敵が先に気づいていて、後ろから攻撃を受けるかもしれないから、周りを警戒する人、など。

レンジャーは特殊部隊ですから、たいていこの位の少人数で難しい任務をこなすんです。少数で最大の利益を叩き出す！

訓練でもものすごい神経使うし、チョットでもミスがあると、教官の罵声と罰があるし、ものすごい緊張に包まれた中での訓練。

ミスは許されない！　絶対実行！

ただでさえ難しい訓練ですが、途中で色んな指示が加わる。例えば…

「見張り役がいなくなったぞ」

エッって動揺する。どうすんだよ。危ないじゃないか？

だからって、一時退却、っていうのはナシ。当然任務遂行！

皆さんなら、どうします？

でもね、即、決断、実行！

これ、普段の仕事でも使える考え方です。
あるプロジェクトを任されたとします。その中である人が、突如、病気でリタイヤ。出て来てくれって思っても言えないし、プロジェクトの延期も中止もありえない状況。さあどうする？

その人の分も何とかみんなでカバーしようとするでしょ。
結構、そう動く人が多い。タダでさえ大変な仕事なのに、慣れない、分かってない事まで引き受けて、みんながバタバタと過労で倒れる。プロジェクトもグチャグチャ。せっかく頑張ったのに…

こういう時、それぞれ自分ができる事、任されている事、得意な事、これを着実に、より神経を使って、絶対にミスをしない、120％、やれることに集中する、これに限るんです。意外にこれがわかってない人、多い。土壇場で、慣れない仕事まで、みんなが手を出してウマくいく訳ないでしょ。

「そりゃそうでしょ。当り前だよ」って、思うでしょ。でも、イザほんとにそんな事態に遭遇すると、みんな同じミス犯すんですよ。笑っちゃうくらい。何でだろ？　悪い本能かも？

ある有名なラグビー選手のインタビュー記事にも同じ事言ってたのがありました。失礼ながら、名前忘れちゃったんですけど…。弱いチームほど、怪我人とか不調の選手が出た時、自分の守備範囲をより広げようとして、かえってアナ広げちゃうそうです。

自分の守備範囲だけにより集中して、アナの空いた部分を思い切って捨てちゃう勇気があるチームは怖いって。サッカーとか見てても、人数が少なくなってから急に強くなったりするチームって、確かにある。

野球でも4番が怪我したら強くなったりとか。不思議でしょ？

ボーっとスポーツ、テレビ見てちゃダメよ。考えないと。

色んな状況があるし、抱えてる仕事、プロジェクト、人間関係とかの違いで、この通りには行かない、いけない時もあるかもしれないけど、頭の片隅にでも入れといて、損じゃない考え方だと思うよ。

自分の役割、立場、位置、状況を良く理解して、120％の力を出し続けるためにはどうするか？　という頭で、行動を起こすことです。それがすごく大事だよ。

まあ、その前に「お前、頼むから、休んでくれ。」って言われないようにしなきゃね。

Stage3
ステージ 3

第17話——自分の居場所

レンジャーに限らず、自衛隊の飲み会って、スゴイんです。日本酒に焼酎にウイスキーに…を大量にジョッキに混ぜて、一気飲み。

チョット今は社会的に一気飲みはマズイけど…味も…マズイ！

これが歓迎だって、風習？　があったんです。

「オレの酒が飲めんのか？」みたいな…、お酒は飲めない訳じゃないけど、人に無理強いするのもされるのもキライ。

ある時、一気飲みを命じられた。
「チョット裏まで付き合ってもらえますか…」と上長に言ってそして裏に…。
翌日からは、二度と飲まそうとする人はいなくなりました。(笑)

訓練もチャンと、トップの実績残してるし、ゴチャゴチャ言われる筋合いじゃない、って腹すわらせて、自分の居場所を作った。そのかわり、訓練も常にダントツの成績残す、って覚悟してた。
この信念、行動が大事なんですよ。

あんまり、良い例じゃないかもしれないね。でもね、自分の居場所は自分で切り拓くもんで、決して与えられるものじゃないってことだけは確かなんですよ。まして、じっと待ってるなんて…

だから、どんどん、自分から、良い場所を確保しよう! 自分の場所を!
「出る杭は打たれる」って言葉ありますね。

じゃあ、周りがビビるくらい実力、迫力、実績あったらどうなるんでしょ。どんどん出る杭になろうよ。どうせホントに打ってくるヤツ、いないから。根性ないよ。そんなヤツ。打てるもんなら打ってみろ！

せっかく実力あるのに、チョット飛び出て、チョット目立って、チョット嫌味言われたくらいで、ビビっちゃう、止めちゃう、萎縮しちゃう…人、あまりに多くて、本当にもったいないなあ。そんな人生、何の意味があるの？

失敗、ミス、手抜き… こんな事で怒られたり、注意受けたりしたら、素直に反省。まあ、注意されているうちがハナだけど…、でも、何か積極的にチャレンジしたことやその結果について、ゴチャゴチャいうヤツがいたら、一切無視！

自分を信じる。信じようよ、自分の人生。
いずれ社会、会社からいなくなるから、放っておこう。

プラスになる意見ならモチロン大歓迎。感謝しよう！

この繰り返しが、自分の居場所をつくるんです。この世の楽園を。

チョットでも早く、その理想の場所へ行こうよ。

チャンと光が差す方向へ！　簡単な事だよ。


会社の経営だって仕事だって同じ。

取引先やお客様に何か言われるたびに過剰反応したり、コビたり、ビビったりだけじゃ、いつか居場所なくなるよ。いつでも、どこでも、意地張って、自分の居場所を作り続けなきゃ。


そうする事で、人生に大きな変化があるよ。変化を恐れちゃダメです。人間、必ず自分の居場所を確保したいはずです。本能で。

実力ないくせに、コネとか権力だけで自分の居場所を作ろうとしてるヤツもいるけど…　そういうヤツは、腹座ってないから簡単に杭ごと引っこ抜かれるから（笑）

第18話——チャンス！

これは絶好のチャンスだ！　って思う瞬間って、人生なかなかないよね。何でないんだろう？　やたらとある人には次々あるように見えるけど…

ふつうの自衛隊から、レンジャーの選抜に選ばれるまでって、実はものすごく大変なんですよ。それまでの実績はもちろん、訓練が非常に過激だから、健康状態とかも、とっても厳格にチェックを受ける。回復力もチェック項目だし、あっ、そうそう精神面も細かくチェック！

選ばれたとしても、毎日健康状態を細かくチェック受けて、ＯＫがでないと訓練に参加できない。全国に自衛官って結構な人数いるけど、レンジャーに選抜されるのってホントに少数で、無事卒業できるのもごく一部。意外とすごいでしょ（笑）あなたも体験してみる？

卒業するとレンジャーバッチが貰えるんですが、組織、階級に非常に厳格な自衛隊にあっても、このレンジャーバッチをつけていると、階級に関係なく尊敬のマナザシが…。ちょっとした芸能人気分ですよ。非常に快感！この味を一度味わうと、仕事でも人生でも同じ快感求めちゃう！

話は変わるんですが、実は車やバイクが大好きなんです。高校時代から趣味？で乗ってたくらい…（冗談かな？）

乗り物は戦車から、頑張って手に入れたフェラーリまで運転するし、バイクは一時本気で国際レーサーを目指したほど、大好きです。今でもかなりウマイですよ（笑）理論派の走りです！

そんなバイクでレースしてたときです、

「あんなすごい車に乗れたら、もっと速く走れるのになあ…」

なんて、トップクラスの人たちをみて思ったこともある。でも、何か違うよなって、気づいた。

今はトップクラスの人も、いくら実力あったとしても、最初は遅いバイクで一生懸命走って、チョットでも上を目指して、勝てなくても、チョットでも光る走りして…。それはもう努力、努力…したんですよ。そうやって、だんだん、いい車に乗れるチャンスが巡ってくるようになって…。そう、光りが当たるのよ。

競馬はあまり詳しくないけれど、速い馬に上手い騎手が乗れば、そりゃあ、速いよなぁって昔思ってた。でも、今は有名な騎手にも苦労した過去があるはずで…なかったらそれがホントのサラブレット？

いきなり最初から恵まれた、何一つ不満がない環境の中で、仕事でも何でもスタートが切れるなんてありえないでしょ。よっぽどの金持ちだけ。

歯くいしばって耐えながら、実績積み上げるしかないんです。チョットでも光るところをアピールするしかないんです。

仕事でも、見積もりだしても毎度負ける…、大企業や一流企業はラクそうだよな…、なんてナゲイテいても時間のムダ。結果ゼロ。生きてる価値なし。チョットでも勝てるところ、光ってるところ、自社だけの強み、絶対あるはず。だって今まで生き残ってるんだから。

例え新入社員でも甘えてちゃいけないよ。自分のブランドを作り、高めていくことが、とっても重要なんだし、更なるチャンスの広がりになる。

新人なんだから何もまだ持ってないなんて落ち込むこともない。採用されたんなら、どこか、スゴく輝いてる才能があるはず。気付いてないだけでしょ。

チャンスは皆に平等に訪れる…
そんな訳ないでしょ。
努力して、チョットでも前進しようとしてるヤツにしかないんだよ。

でも努力して、小さなチャンスが来た時、
全力で取り組んで、チョットでも実績積み上げ、実力磨いて…、
これができるヤツには次々とチャンスが来るんですよ。

チャンスって本当は、毎日あるんですよ。
みんな気付いていないだけなんですよ！
チャンスは必ず来る！。

努力しても来ないとしたら、そういう意識がないんです。

毎日クモの糸みたいに努力してるヤツには、降りて来るんだよ。
そういうもんだよ。ホント、チャンスに気付くかの問題だよね。
意識して集中してクモの糸つかもうよ。

仕事も人生も、そうやって努力して、
みんなに認められるようになったら、
あなたにもレンジャーバッチを贈りたいですね。

第19話——パンプアップ

聞きなれない言葉でしょ。「パンプアップ」って。

まあ、言葉の説明は後にして…

レンジャーの訓練期間というのは、3ケ月間とかの限定された期間だけやります。それ以上あっても困るけど。やってる時はものすごく長く感じるし、終わりなく思うんだけど、3ケ月。この3ケ月間っていうのが、実はミソなんです。

フトモモ周りがなんと、60センチになっちゃったんです。越えてたかな？　腕立ての話、何回もしてるけど、スクワットも同じようにやるし、走るしで、60センチ。

女性が妊娠すると妊娠線ってできるでしょ。あれがフトモモとかに出来ちゃうんです。ややキモイ？　しかも胸囲は115センチくらいだし、「オレは格闘家か？」って思うほど…。

よく誤解されるんですけど、レンジャー隊員といっても、実は身長とかはみんなとそんなに変わらないんですよ。プロレスラーみたいに身長2メートルとかそんなんじゃないです。でもフトモモ、60センチ。

まあ、あとはスケートとか競輪選手くらいでしょう。

正直、あまり見たことないですよ。

フトモモに限らず、筋肉が短期間で巨大化する…あっという間に2倍3倍って感じで…。これを専門用語で「パンプアップ」っていうんですよ。これはレンジャーの用語じゃなくて、スポーツ用語。筋トレとかで使う用語。

これ、だらだら？ やるスポーツではあまり起きない現象。100メートル走とか、砲丸投げとか、瞬発的に最大限のパワーを使いきるスポーツやトレーニングをやってないと起きない現象なんです。オリンピック選手とかも、競技ごとに選手の体格違うでしょ？ 要はパワーの出し方の違いかな。

このやり方、実は仕事でも使えます。

3ケ月とか、6ケ月とか、ある特定の期間、もう、ムチヤクチャに忙しい。巨大なプロジェクト抱える、これがものすごく大事。あんまり長期間だと、ほとんどの人倒れるか逃げちゃうし、この位の期間が一番良い。というか、限界かな？ 集中できない。理論上ムリ。これを乗り越えると、本人も気付かないうちに2倍3倍の実力がついちゃう。

じっくり育てるって何？　育ったヤツいる？
じっくりコトコト煮込んで育つのは、スープだっけ？

だいたい育てるって言葉がおかしい。
人間をビニールハウスで栽培する気？
機会だけを与えるんですよ。
パニック起こすくらいの仕事をプレゼントして、任せるんです。
本能を鍛えるんです、人間としての…。
水も肥料も自分で探して、日の当たる場所求めて…
育つんです。勝手に…

こんな経験を何度かするうちに、細かい事務作業や、周りの人、取引先への頼み方とか、ベストなやり方、体で覚えるんですよ。効率良く。

暇になったら覚える、なんてあり得ない。人間は忙しい時だけ、頭使うんですから。

そして間違えそうな時に少しだけ誘導するんです。
そうして、コツつかむんです。
カンどころが分かるようになるんです。
だから、だんだん大きな仕事も短時間、短期間でできるようになるんです。
人間って素晴らしい！

そんな経験や仕事しないで、ダラダラ、ボーっと3年とか経っちゃうと、どんな優秀な人でもボケるし、成長しないね。ヘタするともうダメかも…ほとんど使い物にならない。

常に買ってでも色んな仕事引き受けて、グチヤグチヤに忙しい期間、作ったほうが良いよ。苦労は買ってでもしろ！ってこと。

何か社内やチーム内、部内がタルんできたな、って気付いたら、クチでいくら注意してもダメ。ヒマになった証拠なんだから、次々仕事引っ張ってこないと。それがリーダーってものでしょ。リーダーがタルんでる証拠かもよ。トップに立たなきゃ！

この繰り返しが会社をパンプアップさせるし、社員一人一人もパンプアップするんです。この理論、大事だよ。

自分の1年間の仕事の仕方、ちょっと考えてみてください。

エッ？　1年中忙しい？

そんなはずないじゃん。じゃあ死ぬほど儲かってる？

何かおかしくない？　解決策考えてる？

それじゃあ、パンプアップより、ギブアップする？

第20話——心の荷物

やらなきゃいけないんだけど、ヤダなぁ…

ウーン、どうしよう…

ナニ言ってるの？　やらなきゃいけないって分かってるなら、ヤルしかないじゃんホント、分かってるの？

それでもやらない。それが凡人ですね。この辺から間違って動いてるもんね。

イヤ、本当は、わかってないよね。だから普通の人なのよ。

レンジャーに、リペリング降下訓練、というのがあります。テレビとかで見たことある人多いと思う。ヘリコプターからロープを使って一気に地上に降りる訓練のことです。そりゃ、高い所、怖いですよ！　マジで。1回やって見る？

あれ、実際やってみると、皆が思ってるよりズッと高い所から降りるんですよ。降りるっていうより、落ちるっていうスピードで。ウーン、怖い！

背中にはいつものように？　50kgの荷物を背負ったまま、手と足を使って、ロープで微妙にブレーキかけながらスピードを調整するんです。重いし、頭上にはヘリのプロペラがバリバリ回転してて、音もすごいが風もすごい中の訓練です。マジ、怖いよ。

「レンジャーー！」の掛け声とともに、次々と隊員が飛び降りていく…

中には恐怖で固まって、真っ青な顔のまま飛び降りられない隊員が出る。

そうなると、優しい教官が近づいてきて親切に手伝ってくれる。

イヤな予感…？

背中にケリ、一撃！　ガツン！

あっという間に地面、任務完了！

素敵なチームワークでしょ（笑）

この時だけは、背中に50kgの荷物があって良かったと思うんです。

何故って、それはもちろん、重力のおかげです！

荷物が重すぎるから、荷物から地面に落ちるんです。

すると、頭打たないから、意外と大怪我しないんですよ。

不思議ですね。よく出来てる。


この光景を見て、決意した。

やらなきゃいけないって分かってるんなら、

「絶対、他人にドツかれてやるのはイヤだ！」

この段階では、まだまだ普通人。

「絶対自分から、自分の意志でヤッテヤル！」

そう自分の意志、コレが大事！

「あの件、どうなってるんだ？」

「見積もり、まだ？」

人から言われて、ヤバイ！　ってバタバタ動いたって、上手くいく訳ない。

そう、まるでアヤツリ人形…ちょっと古いか。ではラジコンだ！

たとえ命令されてやらされる仕事でも、主導権は自分にある。いや、取らないと。作らないと…。日常生活で、そう思っている人がいるかな？　まあいないでしょ。

苦手だったり、興味がない仕事だったり、会いたくない人、チョット怖そうな人だったり、たとえそうでも、後回しにしちゃダメ。

逆に、そういう仕事こそ、余裕のあるうちに、チョットでも早く着手しないと。自分から仕掛けないと。常に攻める！

人生、攻撃が全てだよ！


心に引っかかる事残したまま、他の仕事すると、得意な事でも、人間ミスしたり、仕事がザツになるし…。

心の中に50kgの荷物は、何の役にも立たないよ。


レンジャーで背中蹴られる話、ヒドイって思った？

確かにヒドイ話だけど、その場で解決してる。

問題の先送りじゃない（出来ない？）。


仕事でも人生でも、先送りって致命傷になるよ。

攻めてミス犯すより、はるかに致命的だよ。

先送りしてたらチャンス、本当にもう来ないよ。

心の荷物を抱えたまま先送りしないこと、これにマジで脳ミソ使おうよ。マダマダ全然使ってないよ。どうせ夜に何万個と脳細胞死んじゃうんだから。あー、もったいない。

「なるほど…」いつ転んでも、転落してもいいように、背中に50kgの荷物背負って生活しよう！ っていうのが、今回の話の主旨じゃないからね。そこんとこ、間違えないように！

第21話——最悪の条件

人間が最も恐怖を感じる高さって知ってますか？
約11メートル前後らしいです。
心理的に… 意外と怖いよ！　マジで…
レンジャー部隊が、これを見逃すワケがない。

レンジャーでは「度胸試し」って呼ばれる訓練があります。
建物と建物の間にロープを地面に水平に張ってある。
当然、高さは11メートル（笑）

そのロープから、飛び降りるんです。
しかも後ろ向き。
後頭部から、「レンジャー!」の掛け声とともに…。

一応命綱はあります。8メートルの長さの。
身長が2メートルあっても、地面まで1メートルは余裕がある。
優しいでしょ(笑)
まっさかさま…結構スリル… というかマジ恐怖!

慣れるまでは、5メートルの高さから…とか、地面まで余裕を多めに…とか、
そんな配慮は一切ナシ。いきなりだぜ〜!

最もコワイ高さ、ぎりぎりの命綱、後ろ向き、後頭部から… これでもかっていうくらい、最悪の条件の中でいきなり訓練するんです。
でもね、慣れると楽しい(笑)人間って不思議だよね。繰り返すと慣れちゃう。

話は変わるけど、スキーがうまい隊員がいた。そいつが言うには、

「初めてスキーやったの、子供の頃。親に連れていかれて。初めてスキー板はいて、立つことも出来ないのに、いきなり上級者コースのリフト乗せられて、オヤジはサッサと滑って行ちゃった。何度も転びながら、泣きながら下についた時には、滑れるようになっちゃってたんだよ。」

だって。

うん、そうなんですよ。本能で慣れちゃうのが一番。

徐々に慣らしながら出来るようになろう、とか、育てようとか、恐怖感をなくそうとか、そんなの屁理屈。遠回り。逃げ。最初から、真剣勝負でしょ。

極限状態でしょ。

最初から、キツイ体験したヤツって、やっぱりその後の伸びが違うよ。

ビジネスも人生も一回きりよ。後戻り出来ないの分かってる?

仕事でもよく言われるけど、最初の会社がぬるま湯みたいな会社だったり、上司が甘い人だったり、楽な仕事だったり、初めて持った担当先が緩いところだったり、残業ないよ…なんてところだったりすると、不思議とそういう体になっちゃうんですよ。

怖いね。三つ子の魂百まで。最初で決まる。これ、すごく危険。本人は「ラッキー」なんて思ってるかもしれないけど、長い人生から考えれば大損だね。というか、期待されていないか…。うん、このどちらかでしょ。

そんな売り文句で社員の募集広告出してる会社、たまにあるけど、ダメだよ。そして、採用してからも、いきなり11メートルのロープに昇らせないと。仕事でもライフでも、何か忙しい時って重なるし、トラブルも一度起きると次々襲い掛かってくる。ホントに。ワザと仕組まれてるのかな？　てくらいに。それが現実ってものだから。

最初に、そんな経験したヤツは、絶対伸びるよ。

年取って初めてそんな経験すると死んじゃうよ。

頭と体がついていかないから即死。


こういう人、ギャーギャー騒ぐよ、やれ権利だのなんだのって。傍からみればば全然たいしたことじゃないのに、むしろ楽なくらいの事なのに、本人のレベルが低〜いから。それで致命的なのは全然楽しそうじゃない（笑）

逆に、若いうちに会社でも仕事でも、何でも、それこそ武勇伝になっちゃうくらいのことやれたら、人生ラクに楽しく過ごせるのよ。

「アイツはスゲェ」って、周りに一目置かせちゃうのよ。

人生もビジネスも大きく変わるよ！　これ本当！　これ大事！


智恵はなくても、体力、気力があるうちに、何かスゲェって事やるべき。変に経験積んでからだと、思い切った行動とかできないし。新しいアイディアとかって出てこなくなるし。失敗しても、何もせず、諦めるようになるし。年取ってからスゲェ事やるっていっても、もはや長生きして、長寿記録でギネス記録狙うくらいでしょ？

あっ、スゲェって言っても、モチロン犯罪はダメだよ。
色んな困難、難題、ぶち当たってる人、今がチャンスだよ。
周りはチャンと見てるから。
武勇伝、作ろうぜ！

第22話――2度目はない

色々皆さんにレンジャーの訓練、紹介してきました。
何か出来ないと、「腕立て500回」
何度も出てきた言葉ですね。
なぜ、そうなのか、そろそろ公開しましょうか。

「野外走」という訓練があります。丸太やロープ、その他、何でも使って、障害物コースを作ります。そこを、二人一組で決められたタイム内で登って、ジャンプして、しがみついて、よじ登って…走破する、といった訓練です。

コレ、結構キツイ！

似たようなものが、テレビ番組でもありますね。あれの、過激版です。タイム内に出来ないと、またまた「腕立て500回」とか「スクワット500回」。何組も次々チャレンジしているので、その待っているあいだ中、スクワット、腕立て…です。やっと終わったと思うと、順番が回ってきます。そう、完璧な生き地獄…

ハアハア、息が切れてとても走れる状態じゃない…でも、スタート。
スピードも体力も全部、一回目より落ちる…最悪…
当然、またまたクリアできない。
何度も何度も、どんな訓練も、この調子…
2度目じゃ、絶対クリアできない、って事を、体で覚えるんです。
何度も言います。2度目はないんです！
最初の1発で決めろ！　ってことなんです。

これが分かると、どんな訓練でも、1番初めにやる時に、どうしたら一発でできるか、ものすごく頭使って、勝負するようになる。これが本能になる。そのための訓練なんですよ。カッコイイでしょ（笑）

人生も仕事も同じ。すぐに理解できないかもしれないけど、頭と体に叩き込んで欲しいね。特にレンジャー部隊は特殊部隊だから、常に任務は極秘、隠密で、一発で遂行しなければいけない。2度目はないんです。1度目で出来なかった任勤は、2度目はもっと困難になる。敵が気付いて、警戒がきつくなる。絶対に1回目が勝負！

レンジャー部隊は、自衛隊の中から選抜されたエリートです。新人じゃない。任務も最高レベル。会社でいったら、リーダーとかエースです。任される仕事、任務、責任も非常に重い。失敗は許されない。最初から、「失敗してもいいんじゃない」「そのうち何とかなるよ」…そんな覚悟じゃ、絶対できないよ。キメるんです。必ず、必達！

エジソンとか本田宗一郎さんとか、

「失敗は成功のもと」「99％は失敗だった」

とかいいますよね。ウーン、いい言葉ですね。


ところで、そんなスゴイ仕事してるんですか？

最後に、そんな実績、残す覚悟ですか？

普通でいいよ、っていう人、すごく多いけど…

常に最初の一発に全力をつぎ込む。知力、体力、時間、気持ち…。

これこそ、レンジャー部隊の極意なんですよ。


一発必中！　この極意を、脳ミソと体に叩き込む。

明日から太陽の色、空気…全てが違うように感じるよ。

さあ、五感を研ぎ澄まそう！　鍛えよう！　全てを最初の一撃の為に…

第23話——道具

またまた、3日徹夜のマラソンの話です。
といっても、今回は走りません。
たまには泳ぎましょう。
ただし、普通とは少し違うけど…。

3日間マラソンしていると、だいたい2日目の夜あたりに、疲れがピークに達してきて、足が動かなくなります。すると教官が、とっても気を使ってくれるんですよ。

スゴク優しい。惚れてしまいそう！

遠泳、開始！　きた～！
レンジャーでは、「水路潜入」って呼ばれてる訓練です。
これなら、皆さんも「出来そう」って思うかな？
うん、できるよ。
川や湖とかを５㎞泳ぐんです。
なーんだ。たった５㎞か？。
ラクそう？　楽しそう？

はい、レンジャーの制服着たまま、重ーい革の長靴はいたままです。
決められたタイム内で…これも、つきものです。
それで教官がボートに乗って、横を付き添ってくれます。
イイでしょう？　優しいでしょう？

心配して？　とんでもない！
手に物干し竿みたいな棒持ってて、それでグイグイと水の中に沈めようとするんです。タダでさえヘトヘトなのに、この仕打ち…。きっつーいんです。ウーン。これって殺人未遂？

たまにゴムボートに数人で乗り込んで、5㎞こげっていう訓練もある。
今度こそ、ラクそう？　楽しそう？

いえいえ、そんな甘いわけないでしょ。
当然、要求タイム、もっと、もっと、過激になります。
みんなで必死にオールをぶん回す。
息吸うのも忘れるくらいの勢いで…
あっという間に、手のひらと尻の皮、ズル剥け。
もう、イタイなんてもんじゃない。はっきり言って、死ぬ…。

で、ゴールしたら、すぐマラソン。また走る。

そう、人生は歩くか走るかなのネ！


その時気付いた。

体一つの訓練も大変だけど、ゴムボート、ヘリコプター、ロープ、レンジャーナイフ、爆弾…そういう「道具」使った訓練のほうが、基本的に要求されるレベルが激しくアップするってこと。スゴク大変。かえって体力だけでなく、アタマ数倍使うんです。道具使うって事は…。


道具使うっていうのは、そういうことなんですよ。そろばんが電卓になり、パソコンになり、電話もケータイになり、Eメールもあり、ファックスがあり、インターネットがあり、新幹線もドンドン速くなる…。

何でもかんでも、色んな道具がある世の中。

人間の生活、仕事が楽になるか？

ならないんですよ。

いかにアタマ使って、道具を使いこなすか、使い切るかなんですよ。1つの仕事、1人の仕事、求められるスピード、レベル…は確実に上がるんです。道具を使ったら、スピード、効率が上がる、当然ですよ。上がらない道具なんてないし、上げなきゃいけないんです。それが道具を使うってことなんですよ、コレが当り前。そうでしょう！

道具を使う分、ゆっくり楽できるなんて思ってる人、結構多いんじゃない？甘えてるんじゃないよ、この競争の世の中で、自分だけに道具が与えられているかのように考えるなんて、世の中そんなに甘くないヨ。

できなきゃ、人間に進歩もない訳だし。人間だけが道具を使えるし、使える道具かの判断、結果をすぐ出せる動物でしょ。いち早く使いこなして、結論だす。これがテーマですよ。

アレもやれ！
コレもやれ！
一人でやれ！
もっと早くやれ！
しかも正確に！

イヤダ？　耐えられない？
じゃあ、道具使うの辞める？
そういうヤツは、物干し竿で沈めちゃうぞ！

第24話——プロ

レンジャーっていうと、映画の「ランボー」みたいに特殊な武器を色々使って、派手にドッカーン！ ドッカーン！ ってイメージありますか？ そういうのに近い訓練もあるけど、実体は、全く違うんですよ。なぜってレンジャーは、特殊部隊。つまり任務は隠密、陰で働く部隊だからです。

訓練では、マシンガンも打ちません。通常の陸上自衛隊はやりますけど…。だいたい、音がしちゃダメなんです。イカンセン、ナニごとも、静かに行うべし！ 裏の部隊ですから。

素手、タオル、レンジャーナイフ、これ原則。ソフトタッチでスマートに…。モテソウでしょ（笑）

要はいかにピストルとか使わずに任務を遂行するか、っていう訓練なんです。派手に、敵の大部隊の殲滅を図るっていう仕事じゃないんです。例え規模は小さくても、中枢に狙いを定めて、さっと仕事して、さっと消える。狙いは、特定の人、建物、情報…など、色々です。

で、仕事はスゴく効率的に行う。極限状況だから、体力、知力、限られるからネ。敵も気付かないくらい、一瞬で完結させなきゃいけないんです。しかも無事生還することも重要な任務。超カッコイイ！　やっぱりモテソウでしょ。（笑）

死体が残ると作戦バレちゃうし、情報を素早く持ち帰る任務もあるし…。大々的に派手に活動しなきゃいけない部隊っていうのも、もちろんあって、陰で動く部隊と連携することで、完全な目的を達成することができるんですよ。
つまり、勝つ！ って目的を…。ウーン、いいヒビキだ。

会社でも、個々の仕事でも同じ。どんな会社、業種でも、強い会社って派手さと陰の部分が絶妙なバランスで作用してる。光と陰。チャンと一つの目的に向かって…。

みんな、派手な仕事、役割、部門…、あこがれるよね。
目立つし、一見カッコイイし…。当り前かな？ エー、憧れない？

でも、そんな単純な見方してちゃダメ。どんな仕事でも、部門でも、絶対に役割があるし、目標がある。必要、大切だからあるんです。なぜ必要か分からない人は、一度じっくり、考えてみようよ。今スグ。そして、与えられた任務を着実にこなすヤツが本当のプロ。

どうせヤルならプロになろうよ。目指そうよ。
今の任務、職務に本気で取り組もうよ。
ゴタゴタ言わずに、黙々と。それがプロでしょ。
本当のプロになると、仕事も人生も全てが変わるよ！

あの仕事やってみたいなあ…
あの部門に移りたいなあ…
あの会社に入れたらなあ…
そしたら本気で仕事するんだけど…

そんなヤツの希望は一生実現しません。ただの寝言だもん。
デキるヤツは、どんな仕事でも、確実にヤル！
ダメなヤツは、どんな仕事でも、確実にダメ！
周りのせいにするんじゃない！
そう全部、自分が決定しているんだよ。

人生、毎日、毎分、毎秒…、全て自分で決定して生きているんだよ。なんとなく過ごしているから、イケナイんだよね。無責任になっちゃうんだよね。余りにも簡単すぎるけど、実はトッテモ大事なことです。

会社が悪い、組織が悪い、上司が悪い、やってる仕事が悪い。親が悪い、家庭が悪い、雰囲気が悪い…?

イイエ、あなたが悪い。

そんな人生送ってると、言い訳のプロになっちゃうよ。

Stage4
ステージ 4

第25話——餓え

餓えるって、イヤな言葉ですよね。
お腹が減る。でも、食べ物がない。お金がない。
できれば一生、そんな経験したくないって、イメージですね。
「食欲」…これ、人間？　動物？　の3大欲の1つですもんね。

3日間、食事どころか、それこそ水分も採らないっていう訓練があるんです。
最近、断食道場みたいな研修、良くありますよね。あんなレベルじゃないですよ。

アレなら水分とか、多少の食事はあるようだし…。そもそも訓練じゃないからまあ、ラクかな？　レンジャーはハードにトレーニングしながら断食。しかもいつものように、上官が横についていて、断食効果を高めてくれるんです。優しいでしょ？（笑）

餓えた隊員たちの目の前で、教官たちがおいしそうなメロンとか、ひと口、食べては遠くに投げ捨てる。ひと口だけジュース飲んで、また投げる。捨てる。地面に流す…。これも訓練なんです。

前に3日徹夜で走り続け、食料も現地調達する訓練のことを言いましたが、今回の訓練は、絶食自体が目的だから、ヘビが目の前にいても無視なんです。原則は…

ほんとに餓えって、ツライ！　経験したい？

人間、変わります。人格、理性、道徳…より、本能ムキダシ状態になります。

うん、コワイよ。ケモノだよ。最後の方なんて、体も頭も動かない。そう、脳ミソ、動かない。

原則、完全に断食なんですが、そこは暗黙のルール？　があって、教官たちが、突如いなくなる時があるんです。すると隊員たちは、投げ捨てられたメロンを、モウロウとした記憶を頼りにダッシュで探す。ジュースを探す。それを皆で分けて食べる。決して見つけた人が一人でコツソリ食べたりしない。次は誰が見つけるか分からない。だから分け合う。

こぼしたジュースも、地面に這いつくばって飲む。ススる。
ウマーい！　コレが本当にウマい！
拾って隠れてコソっと隠れて、バレないように喰う！

もう時効かな？　ある時、信じられないことに、山の中で、ジュースの自動販売機を発見したことがあるんです。

その瞬間、全隊員たちの右手には、石が…
数秒後には、天からの恵みを飲み干していましたが…
これも人間の本能…??
あれ？ ゆめだったかな？（笑）

実際にこんな経験して思うんです。餓えるのは本当にツライって。現代人は皆、食べ物に対する飢えの感覚が弱ってきてるけどね。

でも、人間として、失っちゃいけない、もっとキケンな「餓え」がある。それは、精神の「餓え」。ウーン、名言。これ、無くすと廃人と同じ。どんな状況、環境に追い込まれても、精神の餓え、つまり向上心、達成責任…、失っちゃ、人生無意味になる。

絶対負けたくない…
達成してみせる…

もっと素晴らしい人生を…
もっと難しい大きな仕事を…
こういうことを常に思う…。そうすれば本能的に動くようになる。そういうものです。

収入でも地位でもある程度にいくと、人間、勝手に守りの本能が働き始めるんです。こんなもんでいいかな、って。ヘタに役職ついたり、年金もらう頃になると、急に働かなくなる人、いるでしょ。

ホラ、隣の人、前の人、後ろの人…。
アレ？　みんなじゃないか！
勝手に安心して、守りに入って、ハイ、人生終わり。
守りに入ると、人間ダメになるのよ。

それに守りだけじゃ、どんなゴールにも、たどりつけないよ。

そこまで行く前に、オレの人生こんなもんでしょ、なんて若いくせにヘンに諦めてるバカもいる…。人生はチャレンジでしょ。

常により素晴らしい、もっとカッコイイ仕事、誰にでも胸張れる人生を送ってやる、って想い続けないと、餓えの本能が死んじゃうんです。人生は、自分が主役にならないと。

ああ、しゃべってたら腹減った。
昨日より、ウマイもの食べよっと。

第26話——メロン

前回の3日断食のお話しの続きです。
餓えた隊員の前で、教官がメロンをオイシソウに一口食べて、残りは遠くへ放り投げる。力任せに。よりによって、深い茂みの中へ…
ソ、ソンナに遠くに投げないで…。
もっと、分かりやすい所に投げて…。オネガイ！

後で、隊員は記憶を頼りに、探しに行く。
気持ちでは、猛ダッシュ！

「蟻に負けるな！」

「イノシシに喰われるぞ！」

でも、もう、足が動かない、頭も動かない…。


実際スゴイ光景ですよ。

「ターゲット発見！」

「蟻ごと喰っちゃうぞ！」

「イノシシも喰っちゃおうか！」

そんな勢いで、一気に皆で分け合って、喰らいつく。


「ターゲット、壊滅！　任務完了！」

メロンの皮すら残らない…

これ全部、気付かれないようにヤルんです。

これも立派なレンジャー訓練？

こういう状況での人間の記憶力、そして、カン、本能…ってすごいんです。ピンポイントで予測。見事発見！　コンピュータなんて敵じゃないね。本当に人間ってスバラシイ！

本当に食べない、飲まない、で、地獄のような訓練してると、ホント、今にも死ぬんじゃないか、1時間後に生きてるんだろうか？　って不安になる。不安なんてもんじゃない。恐怖感がある。恐怖感でも、アマイ。恐怖です。そこは訓練ですから、ドクターもついてるし、教官も本気で殺す気じゃないんだけど、やってる方は、本気で恐怖。

よく、交通事故に遭うと、ぶつかる前から記憶や映像がスローモーションのように鮮明に細かく記憶されるって話ありますよね。あれも、基本は恐怖。事故の近くに立ってたおじさんの表情の変化、0コンマ何秒で開くエアバッグ、盛り上がるボンネット…、全てがものすごく広い視野で頭に入ってくる。覚えてる。人間ってすごいし怖いね。ホント。

この恐怖感、危機感が強烈にあるから、どんな状況でもメロンを本能で探せるんです。覚えてるんです。


これ、訓練や日常生活の中でも、意識をここ一発って時に、ものすごい集中することを繰り返してると、ある程度できるようになる。マジよ！

そして、この訓練から、何か大きな仕事、判断しなきゃない時に、頭を瞬間でフル回転出来るようになるんです。生きてる脳細胞が全部フル回転！


「次があるさ」

「まあ、いいや」

ウーン、脳ミソ、止まってるネ。腐ってるネ。

そういう考えの人は、すでに死んでるよ。

あの肉体、精神ともに疲れ果ててる中、メロンを探す気力も起きないし、一発で瞬間に発見する集中力、カン、本能も起きないよ。

そのうち、本当の危機に接しても、危機に気付くことすらできない人間になっちゃう。

ハッキリ言う。次はない!!


「今日は疲れたな」

「チョット具合悪いかな」

「この仕事は、今日はもうムリでしょ」

毎日毎日、今日はムリ。365日ムリ。

そんなヤツは今年はムリ、来年もムリ。そして人生もムリ。

こんな時こそ、

「絶対やってやる」

「やってみせる」

って訓練のチャンス!

まだ本当は余裕あるはずだし…

あえて、もう一踏ん張りしようよ。クセにしようよ。
習慣にしようよ。イヤ、本能にしようよ。
ホントの恐怖にいきなりぶち当たる前に…

分かったかな？
今から八百屋までダッシュして、メロン買って、皮まで食べろ！　って話じゃないよ。でも、本当に生まれ変わりたかったら、一度ダッシュで八百屋にいって、皮ごと喰いつくしてみる？

思いっきりやってみる事って、大事だから…。
ただ、チャンとメロンのお金、持って行ってね。

第27話——牛

突然ですが、皆さん、「牛」になれますか？
レンジャー部隊は、「牛」になれるんです。
しかも、スゴク悲しい牛…。
レンジャーで「パルチ交渉」っていう、チョット愉快な？ 訓練があります。
名前の意味はもう忘れました。と言うより、思い出したくないような…。
教官からの命令を受けて、山の中の一軒家の玄関先に２人１組で行きます。

教官は、ちょっと離れた所から双眼鏡で観察してる。チャンと任務を遂行できるかを…。その命令とは、

「牛になりきって、2人で交尾している姿をしてこい！」

ってもの。レンジャーっていうより、ナンジャー ??って感じ…。でも、これホントなんです。命令ですから、なんとか、2人で色々やって見る。すると、教官が離れた所から、無線を使って

「似てない！ もう一度！」って。

恥ずかしいし、牛の交尾なんて見たことないし、全然出来ない。それでも、工夫して、色々やって見る。うん、ヤッパリ思い出したくない…。

すると、また無線が…

「牛に見えない。ブタかな?」

ど、どう、違うんだろ?

ホントはイジメ?

それでも、何とか合格になると、すかさず次の指令が…

「大好きな彼女とヤッテル姿をしろ!」


エッ、このゴツいヤツと…マジで?
ホ、ホンキですか? キモチワル…。
民家からいつ人が出てくるか分からない。

さっさとやって、OKもらって帰りたいヨ…

ヨシ、ヤルゾ!(で、ドッチが男だ……?)

とにかくヤル。ウオーやってヤル!


すると無線が飛んでくる。

「ウーン。美しくないなあ。興奮しないなあ」

ナ、ナニ言ってるんだ！　ドーしろって言うんだ？

でも、努力する。どこかで、吹っ切れて、本気で取り組みだす。

（気持ちだけだよ…）

やっとＯＫ。

すると敵の情報を得られる、って訓練です。

レンジャーにとって敵の情報は最高の報酬、成果なんで…

何のための訓練？　って皆さん、思うでしょ？

目的？　我々にも説明なんかありません。

質問？　当然できません。質問した瞬間、シバかれます。

ヤルんです。ヤルしかないんです。命令は絶対です。

この訓練は、レンジャー隊員として、任務を忠実に遂行するために、自分を殺す訓練でしょう。想像するに…多分？

色んな任務が想定される中、いちいち実施する目的の説明を受けて、納得した時だけ動くなんてレンジャー部隊いませんよ。どこの国でも…。どこかあります？

それに、敵に見つかったりした時、とっさに違う人間とか動物？になりきらなきゃならない時もあるし…。きっと役立つんでしょう。

でも、何度かこんな訓練受けてると、ホントに一瞬で、指示されたものに、心からなりきれる、演じられるようになるんです。これ、マスターしたらスゴイ事起きるよ。仕事でも。商売でも。人生でも。すごく使えるんですよ。実は…。

「オレはスゴイ人間だ！　何があっても絶対逃げない人間だ！」とか、暗示のように思うだけで、瞬間でなれるようになるんです。これ、一流の俳優さんとかも、そうなんですよ。本質は同じ。

「オレに出来るかな?」

そんなこと考えるより、演技でもいいから一度やってみよう。そう思って、実際にやってみればいい。一歩踏み出してみることが、本当に大事なんです。演技しているうちに、いつのまにか本当になってくるんですよ、仕事も人生も…。

大丈夫。なんせ、「牛」にだってなれるんだから…言い訳したり逃げたりしてる人生送るんなら、いっそのこと、馬でも牛にでもなった方がいいかもよ。

第28話——質問

「何のために、コレをやらなきゃいけないんですか?」

「目的は何ですか?」

「意味あるんですか?」


ウーン、よく聞く発言、質問だね。最近、若い人がよく言う言葉だよね。

じゃあ、アナタ、何のために生きてるの? 仕事してるの? 意味あるの?

前回のパルチ交渉の訓練なんて、皆さんだったら、ホント教官に質問するかもね。でも聞いた瞬間、意識なくなってるかもよ(笑)

なにしろ、レンジャーでは、返事も気合も何でも、

「レンジャー!」

だけしか、認められない。


イエスでもない、ハイでもない、ましてノーなんて絶対ない…

何でも「レンジャー!」あるのみ…

そんな組織で訓練受けた人間が、一般社会で、色んな人が色んな質問してるのを見ると、すごく関心がある。

「ナニ聞くんだろ? 聞いてどうするんだろ?」

「覚悟できて、人に聞いてるのかな?」って。


すると、ふざけてるよね～ほとんどの質問って、責任からの逃げ。責任転嫁。

「どうしたらいいでしょう?」って。いい年した人まで平気な顔で聞いてる。

「指示された通りにやったから、結果は関係ない。責任ない」って、言い訳する為に質問してるのが、ミエミエで…

本気で脳ミソ使ってから質問してるのかね？
言い訳、逃げるための本能からの質問じゃないの？

覚悟、っていうと大げさに思うかもしれないけど、質問ってホント怖いんですよ。人生決めちゃうくらいに…質問する人の発言とか、質問の仕方、内容見てると、本当にその人の性格分かる。その人に質問するより、質問聞いてる、受けてる時の方が、本性が出るんですよ。

質問は真剣勝負。相手に質問する前に、自分なりの答え、対策、もっと言えば、信念、哲学持ってるのか、ってことが大事。そこまで考えて質問してないでしょ。質問の仕方、内容とか見ると、その人の能力、責任感、人生観…本当に見える。

「私バカです。無責任です」って宣言に聞こえる質問多すぎない？
事前に何も考えず、質問して、指示受けて、その通りにまた何も考えず動く、これって、問題起こすような宗教団体の体質と同じでしょ。答え、信念、哲学…人間として、他人に求めてないですか？　委ねてないですか？　生きてる意味ありますか？　よーく考えよう。

実績もない若いころって、なかなか難しいし、自分勝手に動いちゃダメな場面も多いと思う。でも、それに甘えて、それを利用して、一度も自分で考えもしないで、指示受けるようになって、年ばっかりくってちゃ、人間おしまいだよ。もったいないよ。人生が…。

この意味分かって会得できれば、人生ハッキリと大きく変わるよ。

質問は、仕事、人生において、良い意味で有利やラクになるように変えるためするもの。チャンと有利に正しく使おうよ。

以上。

何か質問あります？

第29話——本当の知識

皆さん、勉強してますか？ 色んな知識、情報、集めてますか？

学校でたら勉強終わり。本も読まん、って人多いよね。でも勉強って財産ですよ。レンジャーでも勉強すごくします。ちょっと変わってますが…

レンジャーの訓練の中で「座学」とか「精神教育」といわれるものあります。珍しく？ 机に座って勉強です。体力だけじゃないんですよ。色んなこと、教わります。

名前のとおり、精神的なこと…、いえいえ、人の殺し方とか爆弾の作り方とか…色々（笑）これ、午前中にやります。ミッチリとイヤになるくらい。で、午後から、さっそく、実践です。即実践。これがいいんです。

普通のお勉強と違うのは、午前中に習ったのに、分からない、できないなんてこと、レンジャーでは、当然認められないってことです。これ、すごく緊張感あるし、短期間で何か身に付けるのに、非常に有効な方法です。1回勝負で2度目はない！　朝習ったら即実行！


知ってる、読んだ事ある、聞いたことある、こんな発言、よく聞くよね。

で、何が出来るの？

実際何かやったの？

で、どうだったの？

知識も智恵も、実践したことなきゃ、意味ないでしょ。そんな知識はかえってジャマ。実践しないと実戦で使えない。

そんな知識、人に威張ってしゃべるんじゃないよ。やってないんでしょ。でも多いよね。こういう人。自分で実践してから話せよ！

この、すぐに実際やってみる、っていう訓練、というか、やり方、素晴らしいです。全て実践あるのみ。知識とか理論がいらないって言ってるんじゃないです。ものすごく大切です。レンジャーも当然、理論も知識もとても大切にしてます。これ、ホント大切よ。

ただ、机に座って勉強しただけで、「終わった気」、「出来る気」になるってことは絶対にない。即実行！　即実践！　ダメだったら、また研究…。

爆弾だって、教わったその日の午後には、実際作ります。ドカン！

とにかく、確実に行動と結果を求められるんです。知識とか知ってるとかってことは、デキルとか、ヤッタということと同じでなきゃダメなんですヨ。

でも、これってホントは当り前。当然の話。そして、大切な話。

レンジャーだけでなく、仕事でも、人生でも…全てにおいて大事です。

多少理論とか理屈とズレてても、実際に行動して、失敗しようが上手くいこうが、最後までやってみたヤツの話、意見の方が、はるかに役に立つし、聞くに値する貴重な意見なんですよ。その方が面白いし、当り前だけど真実味があるし、結果ウマくいくんです。

現場の意見というか、現実というか、そこに踏み込んで体験した意見、考え方って、強いですよ。実践することが一番身に付くし、大きな失敗もしなくなる近道。大きな失敗する人は、実践の経験がないんでしょ。

ナニを恐れているの？　進化しないよ。進化しないことを恐れなきゃ。
ただ、そういう貴重な意見とか聞いて、それを自分の実生活に活かさなきゃ、これもただの知識になっちゃう。
はい、今回の話、知識になりました？（笑）

第30話——ミノムシ

レンジャーと言えばロープ。ロープと言えばレンジャーって言われるくらい、ロープを使った訓練、多いんです。「ロープの魔術師」とも言われるくらいです。あっ、決してヘンタイじゃないですよ（笑）

建物から建物にロープを張って、空中移動。テレビとかでたまに見るかな？これ、2種類の方法があって、ロープを腹に抱いた姿勢で背中を上に向けた移動方法を「セーラー」といいます。よく消防隊がやる方法です。もうひとつは、「モンキー」といって、背中を下にして、ロープに足と手を絡めてぶら下がるような姿勢で移動する方法です。まさにサル。セーラーにしろ、モンキーにしろ、レンジャーでは、毎日のように何度も何度も、繰り返し、何往復も…。

膝の裏を使ってロープにぶら下がり、右足、左足、と交互に移動するので、膝の裏に「黒血（くろぢ）」と呼ばれるものができる。内出血のヒドイのを何度も毎日繰り返すうちに、膝の裏が真っ黒になるんです。これが黒血。

この痛さは普通じゃない、たまらないゲキツウ！　言葉にならない！　黒字じゃないですよ。それなら大歓迎だけど…　とにかくものすごい激痛なんです。ジッとしててもイタイ！　でも、今日もロープ。明日もロープ。色々ある訓練の中でも、このロープ使ったのが一番キライだったかも…

教官もそれを知ってて、ロープ漬けにするんです。多分？　イジメ？　高所に張られたロープを、今日も何往復も…。ロープの両端に教官が来て、激しく揺さぶって、お手伝いしてくれる。この頃になると、もう、教官の優しさも当り前で、すでに慣れてしまっているんです。(笑)

ホントに力尽きて、ロープの真ん中で宙ぶらりんになってしまう。

もう一歩も動けない… 誰か、降ろして… 助けて…

すると、今まで散々激励と罵声をくれた教官たちが、突如無口になるんです。

無視! そのまま30分近くも…

血が頭に集中して、まるで目がドラキュラのように真っ赤になる…。
しばらくして、目が合う。真っ赤な目が…。すると教官が
「ミノムシ発見!! 駆除せよ!」
ボコボコに駆除されます。ミノムシ撃沈… ミジメ〜。

もう、2度とこんな想い(痛み?)味わいたくない… 結局リタイヤしても、こうなるんなら、絶対リタイヤしないぞ!

腹くくったんです。ミノムシにならんぞ!って固く決意した。

皆さん仕事でも、プライベートでも、失敗したり、諦めたり、リタイヤして、ここまで温かく？　激しく、指導される経験ってないでしょ？　でも、こういう経験、今では私の財産です。自分のプライドは意地でも守るぞ！　人に「ムシ」扱いされるのだけは、2度とイヤだ。


世の中見てると、意地とかプライドとか間違って使ってる人、多いよね。

意地とかプライドは、人、他人に対して使うものじゃないんです。

自分に対して、逃げないため、カッコ良くあるために使うものなんです。

人生はカッコ良く生きなきゃネ。


「意地でもオマエのいうことは聞かない」

「こんな仕事は自分のプライドに傷がつく」…

ナニ言ってるの？　そんな小さな、履き違えた、勘違いしたプライドなんか、ロープでシバって捨てちゃいな。

なんなら、優しく、手伝おうか？

第31話――アヒル

陸上自衛隊のレンジャーなのに、ヘリで空飛ぶし、海や川も泳ぐ。前に遠泳の話しましたが、レンジャーになるのに、泳げない人は絶対ダメです。選抜されません。

みんな水泳は得意です。
アナタも水泳は得意？　あっそう。でも、少し違うかもよ。
皆さんの想像以上にツライ水泳訓練です。え、もう想像してるって？（笑）
いいカンしてるね。かなりのツウだね。レンジャー来る？

立ち泳ぎってありますよね。
あれも、やっぱりツラインんです。レンジャーでは…。
レンジャーでの立ち泳ぎは、両手の親指だけ水面に出して（頭も出してます
けど）そのままじっと、ずうっと、立ち泳ぎ。
制服はもちろん、重た〜い革の長靴も履いたまま… 水面から見ると、優雅
にじっとたたずんでいるかのように見えなきゃいけない。
手も使ってハタハタなんてダメ。

何でだろ?
イザという時、敵から見つかりにくくするためかな? 多分…
地味だけど、結構ツライのよ。足だけ全力でハタハタ。
水面は何事もないようにシーンとしたままで…
涼しい顔して… ツラそうな顔すると、教官喜んじゃうから…
え?、シンクロナイズドスイミングできるって?
まあそれは置いておいて…（笑）

白鳥もそうですけど、アヒルもそうらしいですね。
水中にある足は、ものすごくハタハタ。
でも外から見てると優雅に涼しげに浮いてる。泳いでる。
さすがにレンジャー部隊、白鳥のように美しくはないからアヒル。
ウーン、さすがはプロ。アヒル君！

一見カッコ良くスマートに次々仕事こなしてる人でも、見た目はそう見える
だけで、人に見えないところでは、ハタハタ必死なんですよ。
ハタハタさせてなきゃ沈んじゃうから誰でも…。
ただ、そんな素振りも見せもしないで…
だから余計にカッコイイ。信頼されるんです。

忙しい時、あー忙しい！
大変な時、あー大変だ！
最後には、もームリだ！

こういう人って多いよね。

いつでも、ギャアギャア騒いでる人。

「忙しいの分かってよ」

「大変なの分かってよ」って
本当にギャーギャーと…。

そういう人に限ってたいした仕事もできないくせに…。
まだ、足動いてるなら、いいけど、
ひょっとして、口しか動いてないんじゃない？

どうせ真似るなら口じゃなくて足動かすアヒルにならなきゃ。

じゃないと、「やかましいって」北京ダックにしちゃうゾ。

口だけのアヒルより価値あるよ。

第32話――ダイヤモンド

レンジャー部隊の象徴であるレンジャー徽章《きしょう》、
通称「レンジャーバッジ」。
見たことある人、ほとんどいないでしょう。

前にも簡単にお話ししたことがあると思うんですが、階級社会、組織で動く自衛隊にあって、このレンジャーの象徴であるレンジャーバッジをつけていると、階級に関係なく、尊敬、羨望のマナザシを痛いくらい感じるんです。
そのくらい、すごい、レンジャーバッジって、重いものです。

「ダイヤモンド」を中央に配置し、その周りを「月桂樹」で包み込んだデザインです。

「ダイヤモンド」は鋼の意志の象徴。

世界中の他の何よりも堅い象徴。どんな国難も乗り越え、任務を遂行、必達するため、極限まで鍛え上げられた、肉体、精神の象徴。

月桂樹は、古代ギリシャやローマ時代から、英雄に対して、英知や栄光、賞賛の象徴として送られてきた。今日でも、ヨーロッパでは、魔除けやお守りといて使われている樹木です。

日本でも日露戦争の勝利記念のお祝いとして、日比谷公園に植樹されている樹です。つまり、「勝利の樹」。

レンジャーでの本当に厳しくつらい訓練を乗り越え、レンジャーバッジを身につけた栄光、喜び、賞賛…

何度も何度も、もう辞めたい、辞めようか、と思いながらも、訓練を乗り越えて本当に良かったと、その時、体全体で実感したんです。

実は、レンジャー訓練を無事卒業し、この栄光のバッジを手にした瞬間、今まで味わったことのなかった、ものすごい快感、アドレナリンが毛穴という毛穴から噴出すような興奮を体験した…。今思っても、本当に不思議な体験です。

何かにチャレンジして、苦しんで、もがいて、やっと達成する。そして本気で喜ぶ、感動する。こういう本能って、みんな持っているんです。絶対に。エッ、知らない？　気付いてない？　だから普通の人生なのよ。

勝利へのこだわりと、鋼の意志。月桂樹とダイヤモンド。
これは、バッジだけじゃない。本能の中に組み込まれているけど、ダイヤと同じで、磨かないと輝かないんです。磨きに磨かないと輝かないんです。原石なんです。
ほっておくと、ただの石なんです。磨き続けて、やっと輝き始めて、最後には、ものすごく貴重で価値のあるものになるんです。

そういう本能、原石に、気付かないだけで、みんな、心の中、本能の中に埋もれているんです。気付いてね。きっと豊な人生を送れるから。


さあ、今日から実践だ！　チャレンジだ！

どうやって見つけて、磨けば良いのか？

それは、目の前の現実、困難だ、ムリそうだなって思うことにチャレンジするんですよ。1度でもいいから…。

全力で取り組む。苦しむ。踏ん張る。そして乗り越える。

この経験で磨くんですよ。


カネや育ちや地位…なんて関係ないんです。

人生を豊にするのには、勝利へのこだわりと、ダイヤモンドの意志。

これ以外、何も必要ない。

そう、皆が心の中に全部持っているものだけで充分なんですよ。

Stage5
ステージ5

第33話——ガケ

レンジャーが崖をロープを使って昇り降りする訓練って、知ってますよね。あれ、昼間だから、まだいいんです。ヤバイのは夜の訓練。暗いところは、基本的にヤバイ…。

それも、昼間でも普通の人は絶対に入り込まないような、うっそうとした山。夜にもなると、何も見えない。足元はおろか、自分の足も見えない。仲間の隊員も見えない。本当に真っ暗…。

すぐ隣で一緒に行動していた同僚が、突如、崖から転落して、大ケガしてしまったことも、実際にありました。本当に何も見えないんです。

皆さん、本当の暗闇を経験したことありますか？

あー、いつも暗闇かあ（笑）

ある日、いつも通り、深夜の山中を移動をしていた時のことです。たまにあるのですが、コンパス（方位磁石）が、全く効かない地帯に突入してしまったんです。磁場の関係なんでしょうけど、日本でも、結構コンパス効かない地帯ってあるんですよ。

レンジャーはマラソンでも、地図なんかありません。コンパスが常に命綱なんです。困った。でも、任務を遂行するため、皆で声を掛け合いながら移動を続けていたんです。


しばらくして、突如、号令！

「1歩も動くな！　絶対に！」

瞬間で空気が変わったよね。マジで…。

日頃から命令には絶対服従のレンジャー隊員たちは、文字通り、1歩も動かない。ピタリと完全に静止したまま、じーっと潜んでいる。かなり直感でヤバイと思った。確かに、ナニかイヤな予感が…

そのうち、だんだん、夜が明け、空が白んでくる。
すると目の前に、想像以上の信じられない光景が…
部隊は、100メートルはあろうかという、崖の直前だったんです！
その崖の先端に倒れた木があり、自分の足はまさにその上…
文字通り、死の一歩手前。死に片足突っ込んだ状況…。
もう、一生の思い出…。今でもアリアリと思い出す。
落ちてたら、どうなったんだろ？　オー、コワー！

危機管理って、よく聞きますよね。最近では大企業の不祥事とか、テロとか災害のニュースとかでも。「危機管理が出来ていない」、「危機管理マニュアルに不備がある」、とか…

でもね、危機って、本来、想定できないことが起きたから危機なんですよ。マニュアルで対応できる範囲なんて、「計画通り」なんです。何も見えない中での、最後のドタンバでの瞬間的な判断とか、カンっていうのは、人間の本能なんです。直感です。

しかも、色んな多くの修羅場くぐるほど、危機に対応する本能が発達するんですよ。だから、我々には分かったんです。

それに、任務を遂行する、という責任感だと思う。ボーっとしてたら絶対に察知できなかったと思う。それと、集中力のおかげだね。人間、チャンスに気付いて掴み取るのも、前向きに努力している人間だけにある本能。危機を察知するのも、修羅場を経験した人間が、責任を背負っている時に、目覚める本能なんですよ。

まあ、運が強いからね。

マネ、しないでね。(笑)

第34話——前進

前に話したとおり、レンジャー部隊は、指示された目的地まで移動する際、コンパスだけが頼りなんです。目的地が、北北東に50㎞だったら、コンパス片手に、北北東に一直線！

まともな地図なんてありません。分かっているのは方向と目的地のみ。

ひたすら、一直線に！　ひたすら急いで！

山があろうが、川があろうが、崖があろうが、谷があろうが…

山を越え、川を泳ぎ、崖をよじ登り、谷も越え…一直線。

どんな障害があっても、基本的に迂回したり、戻ったりしません。とにかく前へ。ムダなく効率良く行く！　これ基本だね。

道路標識とか信号とか交差点…とか、そんなのない道なき道…を行くので、ヘタに右に左にウロチョロしたり、一旦戻ったりすると、方向を見失ない、迷いやすくなるんです。というか、絶対迷うんです。経験上。

コンパスが全く効かない地域に突入してしまっても、右往左往しちゃダメなんですよ。ひたすら、まっすぐ前に！　その方が迷わないんです。

本能と直感と集中力をひたすら信じて前進する。失敗したら死ぬぞ、なんて思っちゃいけない。それが失敗を招くから…。

障害物があれば遠回りして避けたり、川も浅瀬を探したり、橋を探したり、山も峰に沿って移動したり…って、その方がラクで早そうって思うでしょ。皆さん。

急がば回れ！って、言葉もあるし…ダレがあんな事言ったんだろ？

こんなこともありました。

背中に50kgの荷物と機関銃を背負って移動中。もう、疲労も限界に達している時、背中の機関銃が、薮の木の枝に引っ掛かった。

一歩でも後ろに戻れば、機関銃は多分簡単に外れる。でも。常に一直線に前進するクセが染み込んでいると、ヘトヘトになりながらも、エイッと、バカ力だして、枝ごとヘシ折って前進しちゃうんです。

もともと、倒れるのにも、前に倒れろ！　って組織ですから。

我ながら、すごいスタミナだって感心しちゃう（笑）

人間は、自分で限界と思っているより、ずっと、上に行けるものなんです。

人間ってスゴイ！

目標、目的が決まっているなら、コンパス頼りで、迷わずに、ひたすら前に向かって一直線。崖も山もあらゆる障害物をまっすぐ乗り越える。

コレ、仕事でも人生でも、一緒。大原則。

それが成功への最短距離だからですよ。


多くの会社でもそうだけど、目標は明確なハズなのに、何か事故やトラブルがあると、どうしよう、こうしようか、イヤ、一旦中止して、再検討しよう、なんて会議が始まる。そしてドンドン目線と気持ちが、右に左に後ろに……かなりヤバイぞ！


やがて、進む方向、目標も見失しなっちゃう。あーあ、やっちゃった…

対策会議だったはずが原因究明会議になって、個人攻撃になったり、感情の意地の張り合いになったり。

目標は明確なはずなのに、会社の中はバラバラ…。

中止でもなく、迂回でもなく、崩壊…。ほーら見ろ〜。

困難への対応を検討して、目標を見失う。これ、コンパスが効かない状況だから、それでも本当は前へ行かなくちゃいけないんですよ。

だいたい、どんな仕事でもプロジェクトでも、順調に計画通りに進むことなんてあり得ない。そんなに甘くない。人生もビジネスも…。

トラブルはあって当然なんです。

特にある程度軌道に乗ったかな？　って、みんなが油断をした瞬間に起こる。ここで逃げたら全てオシマイ。でも、みんな責任が怖くて、つい発言が後ろ向き、無難な意味不明な意見に…。もう完全に頭がイッちゃってる。

そんな時に、問題、困難に正面突破しようと、目標に向かって一直線に再び前向きに走り始める人間がいる組織は強い！　上手くいく！

人生もそう。今、どんな環境にいたって、

一生順調なんてことはないよ。
計算とか希望通り歩める人生なんてないよ。
何かあったときに困難から逃げず、
気持ちと行動を前にもっていけるかが勝負。
ただ、ひたすらそれだけだね。

とにかく前を向いて、目標に向かって、
最短距離を、一直線に、全力で、正面突破!

本能、自分の力を信じて、進むのみ…。
この理論、車の運転には使わないでね。
病院に一直線になちゃうよ。(笑)

第35話——スマイル

ん、ナンか似合わないタイトル？　イメージと違う？
まあ、置いといて…
スマイル、大切よ。

2人1組で、飲まず喰わずのマラソン中のこと。
腹も減ったが、のどがカラカラ…
2人ともフラフラ…。脱水寸前。腹減るよりツライ。のどの渇きって…
人間って、食べ物より、なんと言っても水なのよ。

その時、なんと、牛を発見！　奇跡だ！
牛がいるって事は、水があるって事なんですヨ…（たぶん）
必死になって近くを探してみたら、ありました！　水が！
（コレも本能と直感かな？）
2人とも同時に目を合わせた。そして周りを見回し……
誰もいない！　ラッキー！

やっぱり、運がある。運を引き寄せてるぜ！
満面のスマイルでお互い肩をたたき合った。
2人とも、今までの疲れはどこへやら…
水に直接口つけてガブガブガブ…
ウッ、ウマイ！
水といっても泥水です。ちなみに隣で野牛も飲んでた。
でも、この水がウマカッタ。一生の思い出…。体力も回復。イクゾー！
神のご加護もあり、2人で笑顔でゴール。

その時、再び奇跡が起きた？
一緒にいた仲間が腹を押さえ、
そのままダッシュで消えてしまった。

教官はすかさず
「ムラトミ〜」

「は？」（心で、バレタ…？　イヤーな予感…）

「何か飲んだよな？」

「はへ？」

「何も飲まないで、腹コワス訳ないだろ？　おまえら…」

ウン、ごもっともな意見（笑）

「2人とも、腕立て500回！」

「レンジャー!!」（最悪だぁ〜！）


自然から？　帰ってきた仲間に笑顔で答えた。最初は事情が飲み込めなかった仲間も、バレた？　と、瞬間「スマン」という顔をして、スマイル。
時おりケツを押さえながら、必死に腕立てするソイツを見て、思わずまた、
スマイル。まあ〜いいか、って思ったね。(笑)

「おまえら、ナニ笑ってる。余裕だな。もう500回！」
スマン、って顔したら、仲間も小さくスマイルで答えてくれた…
チョット、気持ち悪いかな？
コイツとは、コレをきっかけに、今でも親友です。
同じ釜の飯を食った仲っていいますが、あれ、笑顔で喰った仲間。
深刻に暗い飯だったら、二度と喰いたくない。そういうもんです。
スマイルってすごいんです。

怒鳴ったり、殴ったりするより、よっぽど、人の気持ちの中に入れるんです。
人生での強い武器かな。ダイナマイトみたいな？
苦しい時、困った時に、暗い顔、深刻な顔するのは誰でも出来るし、ラクな

んです。


あえて、笑顔で接しられるようになると、みんなが寄ってくる。輪ができる。

人間、明るいほうが好きだから。人生も仕事もウマく行きそうだし…

これ、運を味方にする方法。大事だよ。

特にリーダーはそう。
つらい時こそ、明るくないと。
暗いと部下もドンドン萎縮しちゃうし、
ダメなのかなあって思っちゃう。

リーダーが笑顔で接するだけで、

「認められてるな。分かってくれているんだな」

って思うんです。人間って。

リーダーって大変だけど、当然のことなんですよ。

リーダーなんだから…。
確かに、厳しさも大切だし、
年中スマイルって訳にいかないよね。
バカに見えるし。
でも、怒ったり、怖い顔したり、深刻な顔するのって、
みんな意識や訓練しなくても出来るんです。

笑顔ってホント難しいんです。意外と…
でもね、人生、笑いが多いことのほうが
ラクで楽しいし、いいことなんですよ。
ただ、ミスした時の報告には、スマイルは通じないよ!

第36話——上位グループ

レンジャーって、レンジャー訓練を卒業した人たちのことなんですが、実はそもそも、その訓練を受けるための選抜ってのがあるんです。

全国の何万といる、陸上自衛隊の各部隊から、隊長が「コイツなら」って、お目付けを受けて初めて、レンジャーの1次選抜試験を受けられるんです。訓練が厳しいことで有名ですから、選抜に指名されたとたん、辞表出しちゃうヤツもいるくらいです。

たまに変わりモノもいて、自分から希望して、アピールして選ばれたヤツも

います。エッ、ダレ？　そう、期待通りですヨ。（ニヤリ）

人数は毎年、多少上下するようですが、だいたい120名。自衛隊に体育学校っていうのがあるんですけど、ここで柔道5段とか、スゴイ猛者とかも選ばれてきます。

1次選抜では、反復横飛びとか、色んな検査があって、項目ごとにABCの3ランクの採点がつけられます。全てAっていうのが、レンジャー選抜の基本です。

それこそ、ちょっと眼が悪くてメガネしてるだけで、Aじゃなくなっちゃうんです。努力じゃ視力上がらないのに、Cランクです。これで、ハイ、さようなら…。初めから、ワザと落ちるヤツもいるけどね。

1次選抜を無事合格して、2次選抜に選ばれたのが、50名。

この時点で残ってるヤツ、本当にスゴイやつばっかりです。

これから、さらに選抜試験。

幅跳び5メートル以上（地雷源や小川をジャンプ！）

ボールの遠投（手相弾をエーイ！）

土嚢を背負って50メートルダッシュ（負傷した仲間を担いで逃げろ！）

その他、懸垂、100メートル走、水泳、機関銃持って1500メートルを5分以内…などなど、いろんな項目があるんです。

一見、小中学校のスポーツテストと似た項目なんですが、目的は、やっぱりレンジャーです。ちなみにすべてのテストは、重ーい革の長靴に、長袖長ズボンの重ーい制服着たままですよ。


2次選抜では、1~6級まで、それぞれの項目ごとに採点されます。ここでも、オールAが基本です。オールAを取ると、「体力測定1級」のバッジがもらえる。つまり、その後レンジャーバッジをもらえると、胸に2つのバッジがつくんです。これがホントの最強のレンジャー隊員なんです。

えっ私？　当然、2つですよ（超ニヤリ）

この2次選抜をパスして、ようやくレンジャー訓練に挑めるんです。その数、24名。ここから、本当の地獄のレンジャー訓練が始まるんですよ。結果、無事卒業が15名。えっ数が合わないって？　うーん残りの9名は病院でした。

全国から選ばれたエリート120名が、1次選抜受けて、無事合格は15名。よく「2：8の法則」とか「2：6：2の法則」っていわれる法則あるよね。どんな組織でも、本当に頑張って、組織に貢献するのは2割。6割は普通。残りの2割は足を引っ張るって法則。ムラトミの法則だと、1：9だけどね。

レンジャーって、ある意味特殊な組織、集団って思うでしょ。でも、なんと、一緒なんですよ、やっぱり。さすがに病院送りは、レンジャーだけ？

なにせ、一度の人生。どこのどんなグループとか、集まりでも組織でも、本人が入りたいとか入りたくないとか関係なく、競争ってあるんですよ。絶対に…。これは仕方ないです。世の中のルールだからね。

これからは逃げられないんです。だから、どんな組織にいても、上位2割に入れるように頑張ったほうが得なんですよ。だって格好いいでしょ。

コレ、読んでいる人なら、皆、上位の2割でしょ。当然? イヤ、1割だよね。「真ん中の6割でも、普通に生きていけるなら、それもアリかな?」なんて思ってる人いる?

あのね、真ん中のグループってのは、結果として、真ん中に属しちゃってるだけなんですよ。最初から、真ん中狙いで仕事とか人生に取り組んだりしたら、確実に最後の2割、足引っ張るジャマなヤツになるんです。それも本人、全然、気付かないうちにね。

何故なら、向上心ないから。向上心ないヤツって、暇だから、絶対に人のジャマして、存在感を出そうとするんです。人を下げないと、自分の存在感、出せないから…。

普通の人っていうと、なんとも簡単だけど、
分かりやすく言うと、ハッキリ言うと、
どうでもよくて、存在感なくて、
空気みたいなモノのことだよ。
なりたいの？

本当に自分の人生楽しめる人って、
自分から上に上に、夢を描いて向上心を絶えず燃やして、
周りの人も引っ張る力強さがある人だよ。
足引っ張るなんて最悪だよ。
分かったかな？　カッコ悪いでしょ。イヤでしょ。
やっぱり、上を目指そうね。

第37話——回復力

レンジャー訓練を受けるための選抜試験。これをパスした隊員のみが、レンジャーの訓練に挑めますが、その最初の関門、1次選抜試験って、何を重視すると思いますか？

先にも言ったように、色々な試験があります。みんなが知っている試験だと、例えば、反復横飛び。地面に3本ラインを引いて、右に左にジャンプするやつです。みんな小学校とか中学校でやってますよね。

あれ、制限時間内に何回できるかを見るテスト。つまり、スピード、機敏性

そりゃもう、がむしゃらに横っ飛びします。ダダダ…って。でも実は、レンジャー選抜試験では、そのテストが終わった後から始まるんです。チェックが…。終わってから、心電図つけられて、どの位の時間で、平常時の脈拍になるかをチェックされるんです。

つまり、「回復力」がとても重要視されるんです。これ、結構意外でしょ？

1次選抜試験は、とにかくこの「回復力」。

というのも、3ケ月におよぶレンジャー訓練は、いくら瞬発力があっても、回復力がないと、絶対にダメっていう経験から、回復力を一番最初にチェックされる。これ、体、体力面だけじゃないんです。気持ち、心も一緒。

色々なことやっても、困難にぶち当たっても、瞬発力だけで乗り切れるのは、人生ほんの数回あれば良い方でしょ。しかも若いうちだけ…。

一番大切なのは、何があってもへこたれない、あきらめない、心の回復力なんですよ。これ、結構大変なのよ。みんな自信ある？

人生最大のテーマっていえる位大切で大変なことなんです。レンジャーの訓練で、体力はとっくに限界でも、最後まで無事卒業できるヤツは、実際、気持ち、心の「回復力」がすごいヤツばっかりだった。

「もう限界。明日は一歩も動けない…」(こう言ってるうちはマダマダ大丈夫)って思っても、明日になると、

「もう一日やってみよう。」

「あと一歩だけも進もう。」

って、本能からそう思うヤツばっかりですよ。エライ！


回復力って、悪い時だけじゃないんですよ。

調子の良い時にも、短期間で、自ら平常心に戻れる、コレも大事な回復力。

そして頭は常にクールに。これも大事。

怒って頭に来ても、悲しくても、落ち込んでも、それこそ喜んでも、短期間、短時間で平常の精神状態に戻るんです。

いつまでも有頂天にならない。落ち込まない。
これも、意識と訓練です。
生まれつき心の回復力がある人って、めったにいない。場数です。
本人の努力ですよ。努力に勝る天才なし！
人生長いでしょ。瞬発力だけじゃダメ。
一生良いこと続くワケないし、悪いワケもない…。

冷静に自分をコントロールして、仕事も人生も戦い続けるには、
心の回復力を育てなきゃダメでしょ。
地味だけど、本当に大切なことなんですよ。
分かってくれたかな？　エッ分からない？
「あんた、バカでしょ？」
怒った？
ハイ、回復力、回復力…
分かったかな？

第38話——マネ

コワイことで有名なレンジャーの教官なんですが、その中でも特にコワイのが、新人の教官。なにせ、今まで訓練、シゴキ、イジメ…に耐えに耐えてきた人たちです。尊敬します。で、でも…

そう、復讐のスタート!

よく、体育系とかでもあるよね。最上級生になった瞬間、あれですよ。あれ…。実は、レンジャー訓練の中でも伝説になった年があるんです。教官全員が、新人!(ウソでしょーー、それオカシイヨー!)

想像もしたくない。シャレにならない。
カワイソウに…。
エッ、他人事みたい？
イヤイヤ、皆さんの想像通り？　期待通り？
実はその年にレンジャー訓練受けたんです。
宝くじには当たらないのに、
こういう事にはホント良く当たるんですよ。
トホホ…

物凄かったんです。実際。

今でも伝説になってるくらい、凄かったんです。伝説というか災難ですよ。

訓練の現場を偶然目撃した民間の方が、親切にも？　事件か何かと勘違いして、思わず通報したくらい…スゴカッタ。

なんせ朝から蹴られまくりですから。

教官に対して、当然、頭に来る。

「いつか覚えてろ！」「ふざけるな！」「卒業したらタダじゃ済ません!!」

心の中で、いつも叫んでる。

顔には出さないけど…。

またイジメられるから…。


でも実際に訓練になると、色んな手本とかを教官がやって示す。

「ホラ、簡単だろ。出来るだろ。」

実際やってみると、デキナイ…。ムズカシィ。なんでデキルの？

また、教官がやって見せると、やっぱり簡単そうだし、カッコイイ。

スゴイなって思うんです。

ウーン。クヤシイ！　チクショウ！

今に見てろ！　オレだって！


文句言ったりヒガンだりしてるより、素直に教官の動きを観察して、真似するほうが上達するし、それが上達のコツなんです。そう、まずはマネろなんです。

で、思うんです。カッコイイなあ、ウラヤマシイなあ、って思うくらいなら、まあ、普通だし、理解できる。憧れる気持ちって大切。でも、人の活躍とか、結果に対して、素直になれない人って、いるよね。

ヒガミ、ネタミ、ヤッカミ。アイツは特別だとか、ひどくなると、なぜ、自分には出来ないかって言い訳探してベラベラと…。世の中で、一番多い人種です。この手のヤツが！

スゴイな、カッコイイな、と思う人や事があったら、とにかく素直にマネしてみる。コレができる人は、絶対伸びる人。成長する人です。しかも、年齢に関係ないです。年取った人でも、スゴイ人って、どこか素直な面ありますよね。しかも、そういう人ってなぜか魅力的な人が多いですよね。

人間ですから、当然、全人格すばらしい人って、そんなにいるもんじゃない。

でも、自分よりチョットでもスゴイ点があったら、ゴチヤゴチヤ言わず素直にマネする。これ、仕事と人生の大事なポイント。


アナタはどちらの人生送りたいですか？

素直派？　ヒガミ派？

素直さが人生、仕事の基本ですよ。

索直な心と素直にマネる事をずっと継続するのって、意外と難しいです。

実際、簡単にラクしたい、ムリしたくないって思っちゃったら、ハイオシマイ。成長しないし、言い訳だらけの人生のスタート。

それに、せっかく憧れたんなら、自分もなろうよ。
マネしようよ。絶対なれるよ。
そして、いいなあ、カッコイイなあ、
ウラヤマシイなあ、って言われる人生送ろうよ。

ウラヤマシイなあ、ってポカンと口開けてるアナタ。
どうせ口開けてるんなら、
素直に人の良い点を飲み込もうよ。
ただ口開けてるだけじゃ、虫しか入らないよ。

スゴイな。カッコイイな。ウラヤマシイな…。
そう思った時が、自分を変える、進化させるチャンス。
人生を素晴らしい方へ大きく変える、
もっとスゴイ大切な何かが、
きっと、あなたの心の中に眠っているはず…
憧れやウラヤマシイって気持ちは、
その何かを眠りから起こすカギ。
素直に認めてマネしようよ。

第39話――夢

子供の頃からバイクが大好き。

高校でたら、すぐ、バイクのレーサーになるのが夢でした。

でも、自衛隊に入隊したのは、実は、親に勧められたからなんです。以前にも言いましたけど、俗に言う不良？　だったんで、人間を鍛え直してこい、って事でした。

「自衛隊にも、バイク部隊っていうのがあるよ。自衛隊に行ったら、あとの人生何してもいいから、行きなさい。まさかアンタ逃げないよね？」の一言。
ウーン、親ながらよく調べてる…。性格見抜いてる。（笑）
そう言われたら逃げられない性格…。

自衛隊に入隊して、最初の3ケ月の前期教育、必死にやりました。バイク部隊に入るため…。バイク部隊に行きたいって、必死にアピールしたんです。
そして見事抜擢！　バイク部隊に配属されたんです。

ちなみに150名中3名の枠です。
でも、入ってみてオドロイタ！
バイク部隊は約60名。
配備されてるバイクは、ナントたったの6台！
エッ、いつになったら乗れるの？
順番待ってたら歳取っちゃうよ。
そんなに長くマテナイヨ…。

卒業したら、約束の好き勝手な人生が…

そう、楽しい人生が待ってるハズ…。

急がなきゃ！

また必死にアピール！　アピール！

「バイク上手いんです。自信あるんです…」

「天才です！」「職人です！」…

「そこまで言うなら、1回乗ってみろよ」

見事抜擢！


話し変わるけど、「普通」って言葉大嫌いなんですヨ。

「変わってる」とか「特殊」とかって言葉が大好き。

その方が人生楽しいから…。

普通って空気みたいでしょ。居ても居なくても良いような…。

アッ、空気はなきゃ困るか。

自衛隊に入隊して、組織の説明があった時、この言葉が聞こえてきた。

「レンジャー部隊、つまり特殊部隊です…」

ウーン、いいヒビキだ。トクシュって。ステイタスだ〜。

決めた！　レンジャー部隊にも行こう！

コレも入隊早々に上長にアピールしたんです。


「レンジャー部隊も行きたい。行かしてください！」

「オマエ、ナニ言ってんだ？　あれはエリートが行く部隊だし、物凄くキツクテ過激な訓練なんだぞ！」


この言葉にチョット頭来て、言い返したんです。若かったし…。

「そういう言い方するって事は、先輩、行く気ないんでしょ。怖いんでしょ？　だったら行かしてくださいヨ。」

ウ〜ン。やなヤツだ…。

で、見事、レンジャー部隊にも行けたんです。

あれ？　嫌がらせのつもりだったのかな？

そして、レンジャーを卒業し、チョット？　遠回りしたけど、やっとバイクのレーサー目指して、単身鈴鹿に乗り込んだんです。鈴鹿っていうのは、バイクや車のレースのメッカ、聖地です。鈴鹿サーキットも5年近くレースに明け暮れたんですヨ。

「夢」ってあります？
「夢」ありました？
「夢」ってナンだと思います？

小学校の卒業アルバムとかに、将来の夢とかってありますよね。
ナニ書きました？
プロ野球選手。総理大臣。社長。警察官。学校の先生…。
中学校のうちに諦めたり、忘れちゃったりした人がほとんどでしょ。
本気に取り組む前なのに…。
残念だ。イヤ、違うね。念も残ってないのかな？

どんな夢でもいいんです。諦めないで、いつも心の中に思い続ける、夢をずっと継続することって、スゴク大切なことなんです。じゃないと叶わないんです。

今、何か夢持ってます？

元メジャーリーグの松井秀喜選手も子供向けの講演会で「夢を諦めずに、ずっと大切にしてください」って話されていたけど、ウーン、分かるなあ〜。

継続して思い続けているからこそ、チャンスが来るんです。思い続けてないと、チャンスが来ないし、もし来ても気付かないんです。「夢」があるから人間頑張れるし、耐えられるし、踏ん張れるんです。

継続する気がなくて思う夢は、「寝言」っていうんです。寝ながら踏ん張ったら、違うモノ出ちゃうよ。

第40話 ——ウインナー

久しぶりに、3夜4日徹夜マラソンのお話し。

これ、水も食料も一切合切、現地調達。たとえアメひとつでも持ってスタートしちゃいけないオキテ。オキテって、どの世界でも怖いものですよ。

でも、4日間、本当に飲まず喰わずで走るって、モノスゴイ恐怖…。もう、前日から、どうしよう、どうしようって不安で、みんな色々考える。何か隠して持っていけないかなあ、つて。ガム1枚でもアメ1つでもいい。ポテトチップス1枚でもいい…。ちょっとセコイかも。でもホンネです。

前日から、皆、食い溜めもするんです。売店でとにかく何でも買い込んで、ムシャムシャ、バクバク…。明日走れるのかなって不安になるくらい食べまくる。胃がピシッと音を立てたこともあったんです。確かに音が聞こえた。胃が裂けた？　音です。でも食べる、食べ続ける。

それでも、当日、何かチョットでも食料を隠して持っていきたい…。喰いながら考える…。また、セコイ、セコイ…。未練たらたら…。

「ポケットの中は？」チェックされるに決まってる。

「ヘルメットの中は？」ウーン、絶対調べられるよな。

「髪の毛の中に隠せないかなあ？」あっ、アタマ5厘刈りだった。

「腕時計の隙間は？」エツ？　ナニ隠せるの？

結局素直に諦めて、みんな何も持たずに参加するんです。

訓練開始当日の朝。ヤッパリ、厳重な持ち物検査があった。リュックの中はもちろん、ポケット、靴下の中、ヘルメット…。パンツ１枚の姿にまでされたんです。でもここまでは想定内。

「パンツも脱げ！」

へ？　バカな！　ヒドイよ～

でも、もっと信じられないバカがいた！　ナント、ケツにウインナー挟んでた！　ホントですよ。はい、いつものように連帯責任で、スタート前から500回腕立て…。

「レンジャーの歴史をナメルナヨ。いるんだよなあ～、こういうヤツが…」

エッ、前にもいたの？　教官にとっては常識？

う～ん。歴史は繰り返すって、このことなのネ。

普通に考えたら、ケツに何本ウインナー隠せたって、走りづらいよね。それに、こういうヤツは、走り出したら、ウインナーのことが気になって、完走できないタイプ。笑ってるアナタ。他人事ですか？　同じ事してないですか？よ～く考えてみようね。

3夜4日のマラソンじゃないけど、人間、生きてれば色々不安ってあるでしょう。でも、不安に過剰に備えたり、対策だとか言いながら余計な物まで背負ったりして、余計自分を苦しくしてないかな？

ウインナーの話と一緒だよ。

え〜、気付かない？　分からない？　じゃあ、パンツ脱いでみれば（笑）

本当に命に関わる悩みや仕事なんて、めったにないでしょ。それなのに、もう明日にも死ぬような騒ぎして、ケツにウインナー挟むような生き方してないかな？

確かに準備は大切だけど、過剰に怖がったり、どうにも対応しきれないことにまで、無理やり対応しようとして、かえってバカなことしてはいないですか？

笑ってたアナタ、心の中にウインナー挟まってないですか？

第41話——50kg

何度も出てきた、背中に背負った50kgの荷物。背負ったことある人、まずいないと思うけど、ナニ入ってるか気になるでしょ。

そろそろ教えましょうか…

実は、全部爆弾です。

といっても、普段はホンモノじゃなくてダミーですが、重さはチャンと50kg。

まあ、ホンモノの爆弾だったら、世界中に指名手配ですよね。

手（イヤ火薬？）を抜いてないか、体重計に乗ってチェックもあります。

目的（爆発させるターゲットのことですよ）に応じて、もっと軽かったり、重かったりしますが…。
最初はムチャクチャ重く感じる。実際重いけど…。それでも毎日毎日続けるうちに、だんだん疲労は溜まるけど、慣れてくるんです。でも、慣れても、荷物が食い込むから、肩周りは内出血しっぱなし…。ウデが全然上に挙げられなくなるんですよ。今思い出してもコワィ。ツライ。

さらに慣れてくると、それに加えて、機関銃も持つんです。機関銃はちなみに約14kg。合計64kgです。ちなみにレンジャー現役当時の体重は65kgでしたから、ほぼ体重と一緒の重さを担ぐわけです。

スゴイきついんです。ハンパじゃない。普通の人なら、歩く前に腰砕けるよ。
このオモーい爆弾や、機関銃に慣れた頃、またまた追加が…。
小銃、手榴弾…、追加して背負っていくんです。ドンドン荷物が増えていく…。

食料ならいいんだけど…。重い、重い…。

まさに、「オレを潰す気か?」って思った。


1人で担げる限界が約50kgだから、200kgの爆薬がいるのなら、4人で任務遂行するんです。だから、1人としてリタイヤできなし、リタイヤした人がいれば、ソイツごと担ぐんですョ。

任務が重くなるほど、ドンドン荷物が増えていく。ついに倒れるヤツも出る。

「仲間見捨てるな!」

教官の怒声が…


任務のためには、爆薬も見捨てられない、究極の仕組みなんです。だから、仲間ごと担ぐんですョ。いったい何キロ背負ってるんだ? もう訳が分からん…。

考えたら、担ぐ気力が消えちゃうから、とにかく無心に担ぐしかないんです。

何キロあるか分かってても、軽くなるワケじゃないし…。

またある時、荷物背負って走っていると、急に背中の荷物がグーと重く感じ出した時があったんです。

「あれ、疲れかな。メマイかな…。ヤバイな…。」

「ン？　悪霊？　ひょっとして守護霊の助けかな？」

ドキドキしながら後ろを振り向くと、優しい教官が、笑顔で荷物を引っ張ってた。

「いくらなんでも、教官、それはないでしょ…」

イヤ、レンジャー訓練では、こんなことが当り前なんですけどね。

カワイソウ？

でも、仕事でも人生でも、同じなんですよ。

生きていく限り、背負うものってドンドン重くなる。

ノルマもそうだけど、責任、取引先、部下、社員、それに家族…。

決して軽くなることないんです。

人生ってそういうモノでしょ？　違いますか？

苦労とか大変とか、騒いだってしょうがないんです。
どうせ軽くならないんだから…。
背負うんです。ドンドン、ドンドン、ドンドン…
背負えば背負うほど、強くなって、
もっともっと背負えるようになるんです。
人間って不思議ですね。素晴らしいですね。

環境が整ったら、今の仕事を減らしてくれたら、
新しいことヤルンだけどなあ、なんて思ってるアナタ、違いますよ。
今の仕事やりながら、新しいことヤルんです。
減らさないとデキナイ、なんていってるヤツで、
力あるやつなんていないよ。
そこまで背負ってこそ、強くなるし、成長するんです。
そうでしょ？

エッ、背負うものが、なんにも無い？
それってホントはかなりヤバイ事だよ。
アナタに価値がない証拠。
期待されてない証拠だから。

とにかく何か背負ってみようよ。
背負って1歩歩いてみようよ。
そうすると、次々、
荷物が舞い込んでくるようになるから…。
まず、チョットしたことでもいいから、
何か背負う勇気を持とうよ。
ナニッ？　やっぱり背負うのよそう？
手伝うよ。
背中の爆弾に、優しく火をつけてあげるネ…。

第42話——ライオン

ライオンって、どういうイメージです？
そう、「百獣の王」です。
コレ読んでる皆さんが目指しているのは、きっとこの百獣の王ですよね。
まさか、シマウマじゃないですよね？　そんなわけ無いよね？　失礼。

レンジャー部隊は、自衛隊のなかで、当然、この百獣の王です。
だから、訓練がきつかったり、任務が困難で当然なんです。
カッコイイでしょ？　素敵でしょ？　みんなライオンになりたい？

ところで、百獣の王って、どういうことか、考えたことありますか？

「一番強い」って位しか、考えてないんじゃないかな。多分…。

仕事をしている中で、社内でも、部下でも上司でも、取引先など外部のパートナーなどに対して、

「ナンでアイツは働かないんだ」

「使えない」

「本気でやれよ」

とか思ったことありません？

アナタが、既にライオンか、ライオンを目指しているなら、こんなこと思ってちゃダメですよ。ナゼかって？　教えましょうか。

人間も所詮は動物だから、アフリカのサバンナと一緒。つまり、ライオンもいれば、シマウマもいる。キリンもいる。ハイエナも、ダチョウ…もいる。バカもいる。イヤ、カバだったかな？

色んなヤツがいるんです。ライオン1匹に対して、シマウマ500匹とかいるのかな。詳しく知らないけど…。

ライオンなんて、そんな比率でしかいないというか、要らないんです。もし、アナタがライオンで、周りにも500匹ライオンがいたら、大変でしょ。(笑)

まさに喰うか喰われるか、の世界。ウ～ン。スリリング。緊張感…。それに、ライオン食べるシマウマなんていないでしょ。いたら笑っちゃうよね。シマウマは常に食べられる運命なんです。そう、運命。

つまり、逃げるか喰われるか、って世界で生きてるんです。シマウマは。

周りの人に、働かないとか、やる気ないとかで、あなたが腹立ててるとしたら、シマウマに「ライオンを喰え」って言ってるのと一緒。持って生まれたモノが違うんですヨ。

しかも、シマウマがいるから、ライオンは目立つし、価値が上がるんです。全員がライオンの会社があったら、もうみんな大変だし滅茶苦茶ですよ。まさに戦場の世界(笑)シマウマみたいにダメなヤツ、逃げるヤツもいるから、組織として機能するし、ライオンは悠々生きていけるんです。ライオンとして、結果で勝負すればいいんです。

感謝しないと。シマウマ君に…。

引き立ててくれてアリガトウ！　って。

それにダメなシマウマみたいなヤツいると、

「ああなりたくないよなあ」

「カッコ悪いよなあ」

って戒めにもなるし、それだけが、シマウマの存在価値なのかもしれないし、シマウマに本気で文句言ってもムダよ。シマウマの耳に何とやら、だから。


今回のお話、スグ理解できた人はライオン。でも、500人に1人のハズ。でもまっとうな社長さんや取引先、世の中は、出る杭のライオン待ってるんです。大好きなんです。大切なんです。コレ、当り前。

もし、シマウマが大好きな人いたらゴメンナサイね。

たとえ話だから。

でも、シマウマみたいな人間にならないでね。

Final Stage
ファイナルステージ

第43話――日曜日

レンジャーの訓練も、チャンと休みありますヨ。
それも、毎週日曜日がお休みなんです。
ヤッター！　マッテタゼ！
ただ、宿舎はフェンスに囲まれてて、一切外出は禁止。
何故？　よく訓練生が脱走するから…。
ん、何かありそう？　いいカンしてますね（笑）

日曜日、唯一の仕事があります。

制服とか靴とかの手入れ。
洗濯して、アイロンかけて、磨いて…。
ラクそう？　主婦みたい？

そんな訳ないでしょ。
洗濯とか靴の手入れ、教官の分もやるんです。
これが意外と大変なんですよ。
教官の制服に、シワひとつ残ってたら、ハイ、腕立て500回。
靴のすき間に、一粒でも砂が残ってたら、マタ、腕立て500回。
こんな感じで、腕立て、腕立て…。

どうだ、これで完璧でしょ！って自信もって教官に、
ピカピカに磨いた靴を持っていったら、
「ムラトミ。魂がこもってないんだよ。この靴磨きには…」
タ、タマシイ？　ナンじゃそりゃ？　ドーすればいいの？

「へ?!」なんて言ったらエラい目にあうので、
とにかく「レンジャー!」の掛け声で、腕立て開始!(涙)

今日はホントに日曜日? 休日ってナニ?
宿舎に売店があって、日曜日は好きなもの買って、
好きなだけ食べていいんです。
アイロン片手に、お菓子バクバク…。そして腕立て…。
これがレンジャーの日曜日です。

月曜日から、どんな訓練始まるか分からないから、とにかく喰いまくる。
ジュースとかも、当時1リットルのペットボトルを2本買って、一気飲み。
お休みのハズなんだけど、月曜の朝から、腕立てしすぎて、ウデがパンパン
…。おなかもパンパン…。

一般生活してる人には理解できないかもしれないけど、食べられる時には、

本当に食べちゃう。もう嬉しくて嬉しくて…

ほんとに本能で食べてる。タマシイこめて？　食べまくる。

月曜の朝、

「オマエら、昨日はゆっくり休んだよな。それじゃ、訓練開始！」

また、楽しい1週間の始まりです。

休んでないよ…。ズット、訓練じゃん…

毎日毎日、訓練訓練…。地獄、地獄…。

レンジャーを卒業した後も、
この習慣が、心と体の中に、ズット残ってるんです。
これ、人生も一緒。
休みなんてないよ。特に若いうちは。
休みだからって、ホントに休んでちゃダメなんです。
特に脳ミソ…。

どうせ、歳いって、リタイヤしたら、
イヤなほどヒマになるからね。
若いころ、手を抜いてラクしたら、
歳いっても本当の意味でゆっくりできない。
生活していけないから…。
アリとキリギリスのお話じゃないけど…。
有名なお話しだけど、みんな本当に理解してるのかな?
知ってるだけで、役立ってないんじゃない?

別に休みの日まで会社出ろとか、
働けって話じゃないんです。
気になる所に行って見る。
気になる人に会って見る。
とにかく目的もって過ごさないとネ。
日曜日、大切にしようね。

同じ日は2度とないんだから…。

この積み重ねが、5年10年後に、
信じられない巨大な差になるんです。
もう、追いつけないくらい…。
日曜日。やっと休みだ。楽しいな。

アッ、終わっちゃった…。
人生も同じ?
楽しいな。
アッ、終わっちゃった…。
ってならないようにね(笑)

第44話——教官

レンジャーの世界で、教官といったら、神です。
イヤ、鬼？　悪魔？

今までのお話しの中でも、何度も何度も、色んな教官が出てきましたね。
優しい教官、怖い教官、カンの鋭い教官、危機から隊員を救った教官…。
レンジャーの訓練では、実は教官はマンツーマンなんです。
つまり、訓練生1人に教官が1人が担当するんです。
手取り足取り優しく教えるためです？

イヤ、本当は、隊員が手を抜かないか、1秒も見逃さないためかな？
何度も出てきた腕立て伏せも、教官の合図に合わせて上げて、降ろして、を繰り返すんです。

あるとき、「懸垂30回」と言われた時、
なんだ、ずいぶんラクそうだな、って最初思ったんです。
でも、号令に合わせて、アゴが鉄棒の上に来ている状態、
つまり、一番ツライ状態の時、悪夢のスタート。
「ムラトミ、ちょっとトイレ行って来る」
（エッ？）レ、レンジャー！
そのまま、10分とか戻ってこない…。
やっと戻ってきて、懸垂再スタート。
また、一番ツライ状態になった瞬間
「アッ、手洗ってくるの忘れた…」
キョ、キョウカン…？

結局、懸垂30回やるのに30分かかる…。
ナゼ？　やっぱり、深く考えない方が幸せかも？

実際、レンジャーの訓練期間中は、ホント、鬼に見えた。
鬼にしか見えなかった。訓練終わったら、
オボエテローって思ったくらい…。

でも、やっぱり教官になるくらいあって、精神的にも、肉体的にも、技術面でも、スゴイ人たちです。ハンパじゃなく。ホント尊敬です。
もし、イザ本当に戦争とか起きたら、教官も隊員も関係なく戦場で激務をこなす、パートナーとなる人たちです。パートナーは失礼かな？本当に力強い、最強の味方です。

それに教官は、当然ですが、口先だけじゃなく、自分でやって見せて、隊員を引っ張り、育て上げることができる人たちです。

他人に厳しく、自分にはもっと厳しく、3倍厳しくって人たちです。

レンジャーの教官に限らず、今までも、多くの尊敬できる人たちと出会ってきた。仕事でも、人生の先輩としても…

基本的に、尊敬できる人は、みな、最大の先輩です。

人生のスバラシイ味方にもなってくれる。

でも、思うんです。上の者は、いろんな意味で、下の人たちを、一生懸命教えたりしながら、いつか追いつかれて、追い越されるためにあるんです。

決して、いじめたり、バカにしたり、潰したりするためじゃないんです。

そう、人生の踏み台、叩き台になる精神が必要なんです。

でも、絶対負けない、踏み台になんかなってたまるかって、どっかで思ってるけど…。

そういうホンモノのリーダーって、いちいち口で「オレはスゴイぞ！」って言わなくても、皆本能で嗅ぎつけて、黙っていても人が寄ってくるものなんです。

エッ、アナタ、誰も寄ってこない？
一生懸命自分の凄さをアピールしてるのに、誰も寄ってこない…。
やっぱり人間の本能って素晴らしいよね。
踏み台じゃなくて、落とし穴だと思われてるんでしょ。きっと。

口先のウマさじゃない。いや、ほんと口なんか不要なんです。
実行力と、責任感と、そして自己犠牲の精神。これが全て。

ドンドン追いつくようにチャンス与えて、教えるんです。
出る杭をいくつも何人も作っていくんです。
伸びてきたら、更に自分も伸びる、伸ばすんです。
成長し続ける踏み台。ウ～ン、不気味だ…。

潰してやる、なんてセコイ心では、
自分も成長しないし、周りにも迷惑なだけ。
杭どころか、穴掘って埋めちゃうぞ。
そういう人と数多く出会える人生、
そして、自分がそうなれる人生を送りたいですよね。

第45話——カレーライス

カレーライス。おいしいですよね。特に暑い夏なんか、食欲なくても食べれちゃう。大好物なんですよ。何杯でも食べれちゃうくらいです。

肉に野菜に、バランスも良さそうだし…。

別に料理の話じゃありません。

レンジャー訓練のある日の昼…。

場所は真夏の九州で、気温も30度を軽く超えてた。

絶好のカレー日和だ。

楽しい楽しい、昼飯の時間がやって来た。

その日のメニューは、なんとカレーライス！　ヤッター！

「オマエら、疲れただろ。いっぱい食べろよ。栄養つけろよ。」

ウ〜ン、教官、やっぱりホントは優しかったんだ。

「オマエら、こんな量じゃ足りないだろ。今日はお替り自由だぞ。食べ放題だぞ。よく頑張ってるもんな。」

キョ、キョウカン！　大好きです！　嬉しくて、嬉しくて、もう食べまくったんです。まるで競争してる勢いで…。


「遠慮するなオレがよそってやるよ。立つのもつらい位、疲れてるだろ。」

ン？　ナニかあるな？　優しすぎるぞ？

もう、さすがに満腹。満腹。腹が裂けそうだ。

「ムラトミ。オレがせっかくお替りよそってやったのに、残す気か？」

「レンジャー！」

「おお、良く食べるな。若いなあ。スゴイ食欲だ。ほら、もう一杯やるぞ」
レ、レンジャー！

「まさか、オマエ残す気か？　オレの皿が受け取れないっていうのか？」

それ、サカズキでしたっけ？　今、何の組織にいるんだっけ？　何とか任務？　を無事に遂行したけど、疲労じゃなくて、食べ過ぎで立ち上れない…。

動いて、食べて、昼寝して…。力士になりそうだ、なんて考えてたら、休むまもなく、号令が…。

「訓練開始！　15㎞ダッシュ！」アレ？　昼寝は？

「あれだけ喰ったら、パワー全開だろ？　ダッシュだ！」

30度を越えた真夏の昼。背中にいつもの荷物と、腹には大量のカレーが…。誰だ？　絶好のカレー日和とか言ってたのは？　ノド元までカレーがこみ上げてきた。しかも、教官の号令を復唱しながら、15㎞走。

「今日は」「今日は」「15㎞」「15㎞」「走る」「走る」「絶対」「絶対」…

こんな具合に…。もうホントにカレーが逆流しそうだ…。

考えてみたら、レンジャー訓練を受けてからずっと、空腹と戦いなら訓練してたんです。一度でいいから満腹まで喰ってみたい。そしたらもっと動けるのにって思ってた。ついさっきまで…。スタミナ満タン、天気も快晴。だけど動けない。

間違ってた。ツライ。ツライ。もう動けない…。食べ過ぎはホント危険だ!?過ぎたるはおよばざるが如し。

良く聞く言葉だけど、体で実感した人いる？

あれが足りない。コレが足りない。人も足りない。お金も時間も…。全部揃ったら、やるんだけどなあ。上手くいくんだけどなあ。

あっそう。そういう事言う人に限って、全部揃うとその重み、プレッシャーに負けて、結局上手くいかないんです。全部揃ったら、周りからの期待、求められる結果も、けた違いに高まるんですよ。それに慎重すぎる人なんか、準備しすぎて、コレも食べ過ぎたカレーと一緒。余計動けない。

あれ以来、カレーライスは3杯で止めてます（笑）

コレ、健康の極意？

第46話——じっくり検討…

敵地に侵入して、敵の場所や規模、装備などを偵察するのも、レンジャーの大切な任務。コレを想定した訓練があります。

離れたところにある小屋に敵がいるという想定で、深夜にコツソリ、小屋に近づき、中を偵察して、敵の人数、武器の種類や数、爆発させる時に必要な火薬…などを調べるためです。

訓練では、小屋の中には教官がいるんですが…

この訓練は、当然日が沈んでからスタート。迷彩服に身を包み、顔も迷彩色にメイクして…。道なき道を走り、川を渡り、ガケを登り…。目的の小屋が見えてきた。草深い草原の中にポッンと小屋が…。やっと辿り着いた。

こちらはここに辿り着くまで、ずっと走りっぱなしで、疲労もピーク。
小屋には、まだ明かりがついている。
敵はまだ起きているって事です。
「明かりが消えて、敵が寝静まるまで待機」の指示。
とりあえず、明かりが消えるまで待つことに…。
ホフク前進の姿勢で草むらに隠れて待機する。

いくら訓練とはいえ、すさまじい緊張感が漂っている…。
シーンと静まった草原で、聞こえてくるのは虫の声と、たまに吹く風の音…。
そしてドキドキと心臓の音が聞こえるくらいの静寂…。
と思ったのもつかの間、
「グー。ガー。」と地鳴りのような爆音が…

ん、何の音？　もしや敵に気付かれたか？
恐る恐る後ろを見た。
すると、後ろにいた仲間の隊員が、
ホフク前進の姿勢のまま、イビキをかいて爆睡中！
「ウソだろ～。信じられないよ…。バカじゃないの？」
その直後、仲間は教官からボコボコにされてた。
あらら…。でもいくらなんでも寝ちゃったら当然？

その後、また静寂が訪れた…。
1秒1秒が物凄く長く感じる。
走り続けるのもつらいけど、ジッとしてるのもツライんですよ。
ふと気がついたら、ナゼか急に教官からボコボコに蹴られたんです。
「ムラトミ！　オマエもナニ寝てんだよ！」
そ、そうなんです。寝ちゃってたんです。
信じられないけど、一瞬にして熟睡しちゃってたんです。敵前で…。

3日徹夜で走る体力あるのに、1日の徹夜が出来ないんです。

不思議でしょ？

ナゼって？　そう、ジッとしてるからなんですよ。

人間だから休憩や睡眠は確かに大切だけど、つらい時、大変な時、ジッと立ち止まると、思考停止するんです。置かれてる状況すら見えなくなる。目が開いてても寝ちゃうんです。


「じっくり検討します。」って事は、今から寝ます、って宣言なんです。

本当は、走りながら問題に立ち向かうんです。考えるんです。人間、本能からそう出来てるんですよ。

立ち止まったらオシマイ。前向きな対策や決断は、前向いて前に進みながらじゃないと浮かばないんです。これも、やる気と訓練です。

レンジャー隊員は、前に向かって歩きながらでも寝れますよ。（笑）

ホントに。

第47話——ブラック

これまでレンジャーの楽しい？　訓練をたくさんご紹介してきました。
そろそろ、本書の訓練も終わりになります。
エッ、意外とさみしい？（笑）

レンジャーの訓練、皆さんどうでしたか？
どう思いましたか？
イジメ？　パワハラ？　ブラック？
そうですね、一般人からみれば、とても考えられない地獄のような世界…。

イマドキ考えられないシゴキは、ほとんど人権問題？

3夜4日のマラソンも、さすがに水も一切飲まず…だと、命に関わるってことで、私が訓練を受けた時代と少し変わってきて、多少の水分は与えられるようになってきたらしいですが、それでも過酷なことには変わりないでしょ。

実際、あまりの訓練の厳しさに、逃げ出してしまう隊員や、脱落してしまう隊員は後を絶ちません。

エッ？　やっぱりブラック？

やっぱりイジメ？

そう思ったあなた、大事なことを教えておきますよ。

レンジャーを、ブラックのように考えていたら大間違い。

ブラックというのは、辞めたいヤツを脅して留まらせたり、安月給で強制労働のように使いつぶす、ってのがブラック。

弱い立場の人間を暴力や差別、いやがらせなどによって、一方的に苦しめるのをイジメっていうんですよ。

レンジャーは、適格者をふるいにかけて、資質のある者を精鋭に育てることが目的。全然違うの分かるかな？

そもそも、イジメるヤツって簡単に仲間を見捨てるけど、レンジャーは落伍者だって差別しないし絶対に見捨てません。前にも言ったように、仲間が倒れたら、荷物ごと仲間もかつぐ。教官からも、「遅れてもいいから完走することを目指せ！」ってハッパがかけられる。

それでも訓練についてこられないとき？今すぐ帰っていいし、辞めていいんです。

「キミの代わりは他にもいるから…」って、
教官に優しーく言われます。

だから、ヘンな言い方だけど、いつでも脱落できるんですよ。

でも、絶対に脱落したくないし、意地でも卒業してやる！って必死に歯をくいしばって耐えているんですよ。

なぜかって？

もう分かるでしょ。

自分が決めたことだからですよ。


自分の人生、自分が主人公でなかったら、面白くもなんともないでしょ。

誰だって、自分が思い描く夢を実現させたい、って思ってるかもしれないけど、たいした努力もせずに、ただ単にボーっとそんなこと考えていたり、何かチャンスが降ってこないかなって願ってたって、しょうがないんですよ。

アッ、少しは効果あるのかな？（笑）
自分が思い描く人生を歩みたいなら、力をつけることです。
「道なき道を切り拓いていく力」をつけることです。
人に決められた道しか歩かないんなら、そんな力いらないけどね。

そりゃ、訓練中には「ゼッテーユルサネー！」とか思ったけど、こうして、自分がやりたいように生きれるのは、訓練のオカゲって本当に思ってる。
本当の力がついたオカゲで、仕事でも人生でも、営業でも経営でも、何でもできるようになった。

最近、やたらと「ブラック」だとか騒いでいるのがいるけど、本当に人権問題なのは論外として、話を聞いてみると、単にちょっと仕事が多いだけ？なんてのが多いのに驚かされてしまう。

先輩が優しくない？、仕事が多くて休みがとりづらい？、服装にウルサイ？

とか、ほとんどお遊戯レベルで文句言ってるのもいるけど、そういうヤツに限って仕事放ったらかしして周囲に迷惑かけて、会社休んで迷惑かけて、お客さんや取引先にも迷惑かけて、給料だけはちゃっかりもらって…。

嫌なら辞めればいいのに、「キミの代わりは他にもいるから…」なんて言うと余計に騒ぐんだから、こういうヤツ。一生自分の道歩けないね。

だいたい、ライフとワークのバランスとか、そういうの色々いう人いるけど、1日8時間でも、起きてる時間の半分は仕事なんだから、仕事が楽しくなかったら、仕事が充実していなかったら、人生の半分はつまらないし、ムダになってしまうってこと、考えないのかな。

エッ、だからお先真っ暗？（笑）

そういうヤツこそ、本当のブラックだ！

第48話——真の勝者

いよいよ訓練を終えるときがきました。
すべての訓練を乗り越えると、隊員たちは駐屯地に帰還します。
そこでは、これまでの地獄とはうって変わった別世界が…。
仲間の隊員、家族、恋人…などが笑顔で待っててくれていたんです。
盛大な拍手に包まれながら、
そりゃもう、ムチャクチャ感動ですよ。

訓練中は一切、褒められることはなかっただけに、連隊長からのねぎらいの言葉には、思わず込み上げるものが…。
そして待ちに待った瞬間がやってきます…。
そう、レンジャーバッジの授与です。

これまで言ってきたような超過酷な訓練、地獄のような日々…。
なぜ、そんな訓練に耐えてきたのかって言えば、
銀色に光るレンジャーバッジ欲しかったからですよ（笑）
自衛隊の中でも、ほんの一握りのエリートしかもらえないのが、レンジャー
徽章《きしょう》です。前にも言ったように、もう羨望のマナザシが痛いほど集まるのが
レンジャーなんですよ。

カッコいいんですよ。
サイコーなんですよ。
シビレルんですよ。

でもね、本当に大事なのは、バッジじゃなくて自分の誇りなんですよ。
エッ？　まだ分からない？
本当の勝者って、自分に勝つ人のことを言うんですよ。
誰かに勝つとか、打ち負かすとか、そんなのは表面的なもの。
自分が決めたこと、自分の人生の勝利者にならなければウソでしょう。
だから、バッジも同じで、バッジ自体に価値があるんじゃないんです。
そこを越えてきた自分にこそ、価値があるんです。

だからバッジは、授与されてから1カ月だけ付けていて、すぐに外しちゃいました。だって、レンジャー訓練にパスしたことの事実は、バッジがあってもなくっても、変わらないでしょ。

もちろん、他の隊員でずっと付けている者もいました。好き好きだから、それはそれでいい。自分は自分。自衛隊を辞めるときにも、予備自衛官になれば身分保障や手当とかあるけど、戻ることはない、って、ならなかった。

自衛官の後に念願のオートバイを乗り回した後、教習所の教官になった。そこでもいくつか教える資格を取ったけど、営業の仕事に転じて、一つも更新しなかった。

よく変わってるとか言われるけど、
資格とかそういうの、みんな同じ。
バッジとか額って、エライ？（笑）
年取っただけでもらえるとか、
自分はなんにもしてないけど、親が偉かったとか、
ほとんど誰でももらえるようなモノもらって、
2個も3個もぶらさげて、そういうの自慢してる人いない？
自分が努力して取った事実は変わらないなら、
そのことを自分の中で誇りにすればいいし、自負すればいい。
誰にもあるハズなんです。
あなたにとって誇りにできるもの。

ひたむきに、ガムシャラに、
必死にがんばって掴んだもの。
一度や二度は、人生にあるハズです。
もし、なければ今からでも遅くない。
チャレンジするんです。つかむんです。
人生はチャレンジすることで、自分のものになるんです。
形だけ整えても意味がないんです。

いつまでも、他人の決めた安全な場所で
いつまでも、他人をひがんで文句だけ言って、
いつまでも、いつかやる…ってホラだけ吹いて、
いつまでも、いつまでも、いつまでも…

もう、そういうのやめましょうよ。
やめるってそう決めたときから、自分の人生が始まります。

本当に自分だけの、素晴らしい人生が始まります。

やりたいことはなんだって、
どんな苦難があっても耐えられます。
だって自分が決めたんだから。
そういう人には、皆が集まってきます。
協力してくれる人がどんどん集まってきます。
お客さんだって寄ってきてくれます。
運もチャンスも酔ってきてくれます。
不思議ですよね、でもこれホント。
だから、仕事もどんどんうまくいくようになります。

人生は、一回かぎりだから、
どこまでも、どこまでも自分が生きる人生でなきゃ、
そして満足できるものでなければ、

これほどもったいないことはないでしょ。
あなたが人生の本当の勝者になれるように。
本書の最後に、約束してください。
これから、どんなことがあってもくじけないって。
あきらめないって。
逃げ出さないって。

分かったかな？
はい、返事は？
レンジャー!!　よ（笑）

以上、終了、解散！

著者　村冨 譲二（むらとみ じょうじ）氏について

経営コンサルタント。自衛隊出身＝体育会系と思われがちだが、根拠に基づいた理論的な営業指導、売る販売部隊づくりに、全国の経営者から高い評価を博す。

昭和36年熊本市生まれ。陸上自衛隊最強と言われるレンジャー部隊で、生死をかけた訓練をこなし続ける。昭和62年、自動車学校の教官に。指名率№1指導員になる。平成5年、一台35万円の訪問販売の掃除機に出会い、人生初の営業に携わる。そこで連続オーダー賞・1日訪問全件契約などを記録、営業実績トップを続ける。また、半年間クーリングオフ0件という偉業も成し遂げる。

平成8年、保険販売に転向、毎週2件以上の契約を3年間も継続。その後独立。数々の営業実績を元に、営業コンサルティング会社、株式会社ジョイワールドを設立。現在、同社代表取締役会長。

大手自動車ディーラーはじめ、税理士法人、会計事務所、住宅メーカー、中古車、贈答品、保険代理店、リフォーム会社…等、多種多様な業種の営業を指導。「トップ営業塾」塾長としても、数多の塾生の売上を驚異的に上げてきた実績を誇る。

仕事と人生の楽しみ方

定価：本体1、650円（税別）

2018年10月23日　初版印刷
2018年10月29日　初版発行

著　者　村冨譲二
発行人　神野啓子
発行所　株式会社 エベレスト出版
〒101-0052
東京都千代田区神田小川町1-8-3-3F
TEL 03-5771-8285
FAX 03-6869-9575
http://www.ebpc.jp

発　売　株式会社 星雲社
〒112-0005
東京都文京区水道1-3-30
TEL 03-3868-3275

印　刷　株式会社 精興社　　装　丁　MIKAN-DESIGN
製　本　株式会社 精興社　　協　力　丸金 康洋

 ISBN 978-4-434-25328-7